Enrique Gómez Carrillo

Mata Hari

Gómez Carrillo, Enrique

Mata Hari

ISBN: 978-3-86267-247-9

Textgrundlage dieser Edition ist die deutsche Übersetzung von Paul Prina, Curt Weller Co Verlag/Leipzig (1927). Der Text wurde der neuen deutschen Rechtschreibung angepasst.

Auflage: 1
Erscheinungsjahr: 2011
Erscheinungsort: Bremen, Deutschland

Europäischer Literaturverlag GmbH, Fahrenheitstr. 1, 28359 Bremen (www.elv-verlag.de).

Mata Hari

www.elv-verlag.de

INHALTSVERZEICHNIS

KINDHEIT, JUGEND, EHE	7
IHRE ERSTEN TRIUMPHE	15
DIE BAJADERE	22
DIE HEILIGE KURTISANE	33
DAS GEHEIMNIS IHRER SEELE	40
VOR DEM KRIEGSGERICHT	54
GEFÄNGNIS UND TOD	80
ERINNERUNGEN DERER, DIE SIE KANNTEN	96
MATA HARIS LETZTE WORTE	106

KINDHEIT, JUGEND, EHE

Dieses Buch, als ein sehr schön gedruckter Band 1906 erschienen, fand zunächst nur nebensächliche Beachtung, obgleich unmittelbar darauf eine anonyme Broschüre veröffentlicht wurde, die die Lebensgeschichte der Mata Hari ein Lügengewebe schalt, und auf diese Weise also sich eine regelrechte Kontroverse entsponnen hatte. Den Verfasser dieser Broschüre wollte man im Ex-Gemahl der Tänzerin erkennen. Bis in die jüngste Zeit jedoch war dieses wie eine Inkunabel seltene Buch nur durch die Auszüge in der holländischen Presse gelegentlich des Spionageprozesses Mata Hari in Paris 1917, die die allgemeine Neugierde vollauf befriedigten, bekannt geworden, und erst ein neuerliches Auftauchen der vom Vater der Tänzerin herausgegebenen und ergänzten Memoiren wandte nun diesen das allgemeine Interesse zu. Denn noch frisch in der Erinnerung war das märchenhafte Schicksal dieser eigenartigen Frau, die als Tochter eines ehrenwerten holländischen Kleinstadtbürgermeisters begann, einen Offizier ihres Vaterlandes heiratete, dieser Ehe, die sehr bald unglücklich wurde, entrann, in Paris, einem dunklen Triebe folgend, Nackttänzerin wurde, als solche und als große Kurtisane die Welt zu ihren Füßen sah und von Autoritäten der Kunst und Wissenschaft lange Zeit für eine echte Hindu gehalten wurde. Auch im Kriege lebte sie ihren kosmopolitischen Neigungen, die sie von Paris nach London, von Rom nach Madrid, von Wien nach Petersburg führten, wodurch sie seit 1915 bei den Franzosen im Verdacht der Spionage stand und im Herbst 1917 in Vincennes bei Paris standrechtlich erschossen wurde. Der Titel der Memoiren ist nicht ganz genau. Der Vater der Tänzerin ist nicht ihr Verfasser, obgleich er dafür angesehen werden will. Er ist höchstens ihr Herausgeber und Glossierer. Denn er legt in einer Vornotiz ein kurzes Geständnis ab: »Die ersten Kapitel dieses Buches hat meine Tochter ganz und gar selbst geschrieben. Zur Abfassung der letzten fehlte ihr die Zeit. Sie schickte sie mir im Entwurf aus Amerika und bat mich, sie zu beenden.«

Wie dem auch sei, die authentischen Teile zeigen tatsächlich echte Aufrichtigkeit, echten Stolz und eine Frische, die insgesamt den väterlichen Ausführungen gänzlich fehlen. Ich kenne das Buch allerdings nur nach einer sehr abgekürzten, wenn auch zweifellos gewissenhaften Übersetzung; aber schon nach dieser Probe steht für mich fest, dass es bar ist der vielen feinen kleinen Züge, worin der eigentliche Reiz solcher Bekenntnisbücher besteht.

»Ich gestehe« – sagte die Verfasserin als sie an Bord des Dampfers, der sie, auf der Suche nach Reichtümern und Abenteuern, gen New York führt, mit der Niederschrift beginnt, – »ja, ich gestehe, ich bin nicht auf Java geboren. In Leeuwarden erblickte ich am 7. August 1876 das Licht der Welt. Mein Vater war ein in Friesland sehr bekannter Kaufmann, meine Mutter eine Dame großen Stils, ebenso schön wie reich.« Nicht ohne Rührung erinnert sie sich dann ihrer Kindheit auf dem Schlosse Cammingha-State und plaudert mit Behagen allerliebst von ihren kleinen blonden Freundinnen, unter denen eine entzückende Puppe mit Delfter Porzellanaugen und mit schwellenden Kusslippen, namens Marie Star Busman, die bevorzugte gewesen zu sein scheint. Dieses paradiesische Dasein wird durch die rohe Hand des Schicksals jäh unterbrochen: Sie raubt im Jahre 1890 dem Mädchen seine »angebetete kleine Mama«. Der ehrenwerte Witwer Zelle kann nicht daran denken, selbst für eine gediegene und züchtige Erziehung seiner Tochter zu sorgen. Er übergibt sie also einem strengen Klosterleben, damit sie dort, in Erwartung des heiratsfähigen Alters, eine ihres Vermögens und ihrer gesellschaftlichen Stellung würdige Entwicklung durchmache.

Vier Jahre später, während der Ferien, begegnet die junge Dame zum ersten Male ihrem zukünftigen Gatten. Er ist kein junger Mann mehr, aber er trägt die Hauptmannsuniform mit solcher Ungezwungenheit und Eleganz, dass auf seinem Weg durch die Straßen der Residenzstadt Haag alle jungen Holländerinnen den Kopf nach ihm wenden, wenn nicht gar gleich verlieren. Für Mata, oder besser gesagt Margarethe Gertrud, war ihn sehen und lieben eins. »Besonders sein Alter«, sagte sie selbst, »machte ihn mir nur noch liebenswürdiger.« Am 30. März 1895 findet in Amsterdam die Trauung mit einer solennen Hochzeitsfeier statt. Hierauf reisen die Neuvermählten nach Wiesbaden, um dort die Flitterwochen in einer verschwiegenen Villa zu verbringen.

Aber der Sonnenschein des Glücks am Himmel dieser Ehe beginnt nur allzu bald zu erblassen. Tatsächlich scheint sich alles verschworen zu haben, das arme Kind, das sein Vermögen, seine Hoffnungen und seine Schönheit der Gnade eines herzlosen Menschen ausgeliefert hat, mit Unglück zu verfolgen. Da ist zunächst eine Verwandte ihres Gatten, Tante Frida: Unumschränkt herrscht sie in dem Hause, das die jungen Eheleute nach der Rückkehr aus Wiesbaden beziehen. In alles mischt sich diese Tante mit ihren Fragen, alles bekrittelt sie, schließlich wird der Zustand so unerträglich, dass Margarethe Zelle und ihr Gatte beschließen, eine Wohnung für sich allein in den neuesten Stadtvierteln von Amsterdam zu mieten. Noch einmal leuchtet das Glück, allerdings kurz wie ein Blitz, in diesem Heim auf. Der Gatte stellt seine Frau bei Hofe vor, wo die seltsame Schönheit dieser Friesin, die, unerklärlich geheimnisvoll, das Gesicht einer Hindu hat, Aufsehen erregt. Die Glut ihrer Augen wirkt wie ein Zauber und macht sie berühmt. Wer sie kannte, versichert, sie hätte dieser Frau bis ans Lebensende eine magnetische Kraft, die Menschen zu fesseln, bewahrt. Mit Freude und Stolz erinnert Mata Hari sich des Tages, wo sie die Ehre hatte, vor den Majestäten zu erscheinen, aber fast gleichgültig spricht sie von der Geburt ihres Sohnes Norman, der noch im Jahre 1895 zur Welt kommt und drei Jahre später stirbt, vergiftet von einer javanischen Magd. Kein Wunder! Denn diese Mutterschaft, von der sie eine Festigung und seelische Vertiefung ihrer Ehe erhofft hatte, dient nur dazu, sie immer mehr zu lockern und den Hauptmann völlig vom Wege der Pflicht zu entfernen. Er ist fast nie mehr zu Hause und verbringt sein Leben mit leichtsinnigen Männern und Dirnen. Er wird ein Spieler, ein Schuldenmacher und bringt schließlich sich und seine Frau an den Rand des Abgrunds. Diese Erinnerung scheint der Tänzerin besonders schmerzlich gewesen zu sein, als sie in den Memoiren davon sprach; ihr ganzer Stolz wird wach, und sie empört sich gegen diese Demütigungen; sie betont nachdrücklich ihre Herkunft nicht nur aus reicher, sondern auch aus vornehmer Familie; von einer Missheirat könne daher keine Rede sein. »Meine Großmutter«, sagt sie, »war die Baronin Margarethe Winjbergen.« Auch Hauptmann Mac Leod ist, wie sie gleich hinzufügt, adeliger Abstammung, Neffe eines Admirals, und seine Familie spielt in der glorreichsten Epoche der schottischen Geschichte eine bedeutende Rolle. Aber weder das noch sonst irgendetwas gibt ihm das Recht, eine reiche Erbin aus erstem Hause wie eine Dienstmagd zu behandeln. Nein, noch weit schlimmer! Eine Magd, selbst die niedrigste, schickt man nicht zu Freunden, um von ihnen Geld zu leihen, noch dazu mit dem Befehl, jedes Schamgefühl zu unterdrücken, wenn das zur Erlangung des Geldes notwendig sein sollte ... Und Mata Hari nennt ausdrücklich einen gewissen Calisch, der ganz im Banne ihrer Augen stand und den sie besuchen musste, um ihm eine für ihren Mann bestimmte Summe »abzuzapfen«. »Aber«, fügt sie hinzu, »ich bekam ein paar Tausendguldenscheine, ohne dass ich meinem Mann untreu zu sein brauchte.«

Nach diesen peinlichen Ereignissen taucht das Paar plötzlich in Java auf. Der Hauptmann tut dort Dienste bei der Kolonialarmee, und der zukünftige Stern der europäischen Varietés bringt eine Tochter zur Welt: Johanna Luise.

Kurz darauf stirbt ganz unerwartet und unerklärlich der kleine Norman eines schrecklichen Todes. Über dieses Ereignis sind fabelhafte Dinge berichtet worden. Und besonders den Schluss hat man höchst romantisch gestaltet. Danach sollte Margarethe Gertrud, als sie dank den Offenbarungen eines Wahrsagers erfuhr, ihr Kind wäre von einer eingeborenen Magd vergiftet worden, kurz entschlossen, ohne die Gerichte in Anspruch zu nehmen, die Giftmischerin mit eigener Hand erdrosselt haben. In den Memoiren liest man jedoch, die unglückliche Mutter hätte die wahre Todesursache des Kindes erst erfahren, als die Magd auf dem Sterbebette ihr Verbrechen beichtete.

Nach dieser Tragödie verlegt das Ehepaar Mac Leod seinen Wohnsitz nach Benjoe-Biroe, in der Nähe von Semarang auf

Java. Dort ist nun die Frau nicht mehr eifersüchtig, vielmehr wird es der Mann. Aber sie versichert, diese Eifersucht wäre völlig grundlos gewesen. Sie weist mit Nachdruck darauf hin, dass man später, anlässlich ihres Scheidungsprozesses nichts Nachteiliges gegen sie als Ehefrau hat anführen können.

Immer widerwärtiger wird das Dasein für diese Frau, die fern der Heimat leben muss, ohne Hilfe, fast ohne Beziehungen, völlig den brutalen Launen eines sitten- und herzlosen Mannes ausgeliefert. Mit einer Frostigkeit, die ihr in Wut versetztes gedemütigtes und geschundenes Herz verrät, schreibt sie: »In Benjoe-Biroe schlug mein Mann mich zum ersten Mal mit der Reitpeitsche.« Von diesem Tage ab wurden in ihren Briefen an den Vater die Klagen über schlechte Behandlung so häufig und schwerwiegend, dass Herr Zelle sich gezwungen sah, eine formelle Klage gegen seinen Schwiegersohn beim Kolonialgericht von Java einzureichen. Zur selben Zeit gibt er seiner Tochter den Rat, sie möge Zeugen für die empfangenen Schläge beibringen; mit solcher Hilfe würde sie dann leicht die Scheidung erreichen. Als der stolze Offizier hiervon erfährt, gerät er völlig aus Rand und Band; anstatt sich zu beherrschen, bedroht er seine Frau von nun ab nicht nur mit der Reitpeitsche, sondern mit dem Revolver; in einem Brief vom 3. August 1901 schildert Frau Mac Leod eine Szene, worin ihr wilder Tyrann sie zunächst anspeit, sie dann an den Haaren durch das Haus schleift, um sie schließlich mit seinem geladenen Revolver ernstlich zu bedrohen. Und jetzt nennt sie das Motiv dieser Handlungsweise. Ihr Peiniger ist in eine andere Frau verliebt und will seine Freiheit wieder haben, sogar um den Preis eines Mordes. »Er hat es mir selbst gestanden«, fügt sie hinzu, »dass ich vor ihm meines Lebens nicht mehr sicher sei, wenn wir nicht auf dem schnellsten Wege geschieden würden.« Zur selben Zeit wird auch noch ihr Töchterchen von einer grauenhaften Hautkrankheit befallen, die den ganzen Körper des Kindes mit Schwären bedeckt. Die holländische Kolonie erfährt natürlich nach und nach von den

Vorgängen im Hause des Hauptmanns und verbirgt ihm keineswegs die verdiente Verachtung. Schließlich wird die Existenz dieses Haushalts in einer so beschränkten Umgebung, wo alle sich kennen, unhaltbar. Mac Leod, zur Ersatztruppe versetzt, beschließt, nach Amsterdam zurückzukehren.

Dort wird auf Antrag der Gattin der Scheidungsprozess verhandelt. Das Jahr 1901 geht zu Ende. Merkwürdigerweise bleibt das Ehepaar in seinem gegenwärtigen Hass beieinander, ja man richtet sich sogar wieder bei der spießbürgerlichen und zänkischen Tante Frida ein. Aber das Leben des ständig betrunkenen Ehegatten ist nach wenigen Wochen ein einziger Skandal, was die beiden zwingt, eine verschwiegenere Zuflucht aufzusuchen. Man zieht also in die Van Breestraat 188. Hagelgleich, Schlag auf Schlag, folgt das Unglück. Am 26. August geht Mac Leod aus, angeblich um einen Brief zur Post zu bringen; das kranke Töchterchen nimmt er mit. Er kehrt nicht mehr zurück ... Das versetzt die Mutter in eine wahnsinnige Angst mit schlimmen Ahnungen; bald ist sie am Ende ihrer Kräfte, sie weiß nicht, wo sie ihr Kind suchen soll, und ihre Geldmittel sind erschöpft. In Hast und Eile verkauft sie ein paar Wertsachen und geht zu ihrer Tante, der Baronin Sweerts van den Landes, die in Arnheim an den Bankier Goedvriend verheiratet ist. Durch Vermittlung des Staatsanwalts Eduard Philips wird in Amsterdam der Antrag auf sofortige Scheidung eingereicht (27. August 1902). Nach dem Urteil (30. August 1902) erhält Mata Hari Vollmacht, mit ihrem Kinde bei ihrer Tante in Arnheim zu wohnen, ohne verpflichtet zu sein, den Gatten bei sich aufzunehmen. Der Gatte wird verurteilt, der Frau monatlich hundert Gulden Rente zu zahlen. Mac Leod, der alsbald ein junges Frauenzimmer zu sich in die Van Breestraat nahm, hat die Zahlung nicht ein einziges Mal geleistet.

Trotz seines Hangs zum Trinken und bei aller Heruntergekommenheit kennt jedoch Mac Leod die scheinheilige und pharisäische Gesinnung seiner Mitbürger genau. Denn an sich ist es wohl ein ziemlich starkes Stück, dass er in den

Zeitungen bekannt macht, er käme unter keinen Umständen für etwaige Schulden seiner Frau auf. Sie hätte ganz aus eigenem Antrieb die eheliche Wohnung verlassen. Auf der Stelle verschließen die engherzigen Damen der Stadt der unglücklichen Margarethe ihre Türen. Und das Schlimmste ist, dass ihre eigene Tante, die tugendhafte Baronin van den Landes sie bittet, ihr Haus zu verlassen. Am 10. Dezember 1902 liegt die Erbin des reichen Kaufherrn Zelle mit ihrem Kinde auf der Straße. Ihr fehlt das Nötigste, ihre ganze Barschaft beträgt drei und einen halben Gulden.

Was tat während dieser Zeit der Vater des zukünftigen Sterns? Bis jetzt sehen wir ihn kein Lebenszeichen geben, auch nicht in den Fällen, wo seine Hilfe wie von der Vorsehung geschickt hätte erscheinen können. Aber plötzlich finden wir die arme Verlassene im Vaterhause im Haag wieder, und ganz fest steht ihr Entschluss, Tänzerin zu werden. Dank der Fürsorge und pekuniären Unterstützung durch ihren Vater tritt Mata Hari im Jahre 1903 in Paris zum ersten Mal auf.

IHRE ERSTEN TRIUMPHE

So hört also, nach dem authentischen Zeugnis der Memoiren, gegen Ende Oktober 1903, das schlimme Dasein für Margarethe Gertrud auf. Es gibt keine unglückliche Gattin des Hauptmanns Mac Leod, keine verarmte Erbin des ehrenwerten Herrn Zelle mehr, Demütigungen, Tyrannei, Prügel, alles ist fort und ausgelöscht. Empor steigt ein völlig anderes Wesen, die seltsame Erscheinung Mata Hari, dazu berufen, mit ihren exotischen Tänzen die Welt in einen Taumel des Entzückens zu versetzen, um dann dieselbe Welt durch die Tragödie ihres Todes tief zu ergreifen und durch die Rätsel ihrer Seele unausgesetzt in Atem zu halten.

Also: Margarethe Gertrud Mac Leod, geborene Zelle hört auf zu sein. Sie hat die Sphäre der Bürgerlichkeit endgültig verlassen. Jetzt gibt es nur noch Mata Hari, die Künstlerin, die Tänzerin. Ein glänzendes, üppiges Leben beginnt mit allem Drum und Dran, Aufregungen und Intrigen. Aber dieses glänzende, dieses üppige Leben erscheint in den Aufzeichnungen der Tänzerin durchaus schlackenfrei, sehr zurückhaltend, sehr züchtig, denn was sie schreibt, ist vielmehr für einen Vater als für die Öffentlichkeit bestimmt.

Wenn ihre Seele, was wohl selbstverständlich ist, berauscht war von Freude über ihre ersten Triumphe in völliger Unabhängigkeit, fern dem ehelichen Zwist, den verletzenden Demütigungen vonseiten der Familie und nicht zuletzt fern dem üblen Klatsch der holländischen Gesellschaft, so ist davon doch so gut wie gar nichts in ihren Pariser Erinnerungen zu spüren. Zweierlei beschäftigt sie einzig und allein: ihre Zukunft und ihr Gatte, dessen Schatten fortfährt, ahnungsvoll auf ihrem Leben zu ruhen. Überall glaubt sie, ihn auftauchen zu sehen, um seine Rechte geltend zu machen, denn die Scheidung war vom Gericht in Amsterdam noch nicht ausgesprochen worden. Die tugendsamen Richter, voll heiliger Ehrfurcht vor der üblichen sozialen Disziplin, glaubten, ein höherer adeliger Kavallerieoffizier habe durchaus das Recht, seine Frau wie sein Pferd zu behandeln. Ja, wenn Mac Leod mit dem Etikett der Ehrenhaftigkeit die Scheidung betrieben hätte, würden die hohen Herren von der Justiz sich sicher beeilt haben, sie auszusprechen; aber das geschah erst drei Jahre später. Zunächst gefällt es dem würdigen Gatten, als er erfährt, seine sündige Ehehälfte widme sich im modernen Babel dem Tanze, ihr einen Brief zu schreiben mit der Drohung, er würde sie in ein Kloster sperren lassen. Als ob man noch in den Zeiten Ludwigs XVI. lebte! Eine Pariserin hätte sich über dieses urväterische Ansinnen krankgelacht. Die unerfahrene Holländerin ist bestürzt, im ersten Augenblick hilflos; sie weint und erfleht telegrafisch Rat, um schließlich in die Heimat zu eilen und sich in einem strengen Hause bei Verwandten in Nymwegen vor der Welt zu verschließen.

Mit erstaunlich kühler Entsagung schreibt sie im Januar 1904: »So bin ich also verdammt, hier zu bleiben …« Hier, das ist das provinziale Grau eines nebligen, spießigen und freudlosen Haushalts, wo nur die blankgescheuerten Kupferkessel das Recht haben, zu glänzen, wenn es der bleichen Sonne beliebt, sie zu streicheln. Hier, das ist die ausgestorbene Straße, die träge Straße, die feindselige Straße, wo das Geräusch eines unbekannten Schrittes die Dienstmädchen verführt, neugierig verstohlene Blicke durch die Gardinen zu werfen. Hier, das ist ein Tulpengärtchen, dessen Pflanzen im kalten Wind erschauern. Hier, das ist der Nebel, der weiche Nebel, der alles wie in einen Schleier hüllt, der den Schall dämpft, der selbst das Glockenspiel der Rathausuhr nur mit dünnen Silbertönen erklingen lässt. Hier, das ist die nie aussetzende Überwachung durch die Mütter, Tanten und Basen, die etwas haben läuten hören von dem Skandal einer Flucht nach Paris und von öffentlichen Tänzen in Theatern. Hier, das ist kurz ein Gefühl der Schande und einer unstillbaren Sehnsucht nach …

Ja, einer Sehnsucht! Denn das hat ihr das kurze Leben in Paris bereits deutlich zur Erkenntnis gebracht: in der lächelnden gastlichen Lutetia wogt das Leben und die Leidenschaft, blüht Ruhm, Hoffnung, Freiheit, Glück. »Ich werde triumphieren, früher oder später!« – so denkt sie. Aber von ihren Verwandten, die sie beherbergen, hat jeder Künstler und ganz besonders ein Pariser nichts anderes zu erwarten als unendlichen Hass und tiefste Verachtung, und es ist selbstverständlich, dass diese holländischen Spießbürger sie mit Argusaugen bewachen, um eine Rückkehr in die Hauptstadt der Sünde zu verhindern, die sie, fanatische Leser der Bibel, nur ein Sodom und Gomorrha der modernen Welt nennen. Es ist nicht schwer, sich die reizende und verzagte Einsiedlerin in dieser Lage vorzustellen. Der lange Dornenweg ihrer Ehe liegt hinter ihr, vor ihrer Seele öffnet sich das

Reich der Kunst und der Liebe, was wunder, dass sie nur darauf bedacht ist, völlige Unabhängigkeit zu erlangen, damit sie nach Frankreich zurückkehren kann. Ihr heller Verstand ahnt ganz richtig, dass ihre exotische Schönheit außerhalb Hollands so etwas wie ein Abgott werden würde. Sie spürt schon jetzt mit völliger Sicherheit, dass, einmal frei, Scharen von Anbetern ihr zu Füßen liegen und sich mit heißen Wünschen nach ihr verzehren werden. Ein berühmtes Bild, gemalt, als sie auf der Höhe ihres Lebens stand, beweist, dass alle, die von ihrer unvergleichlichen Schönheit sprechen, nicht übertreiben.»Groß und schlank trägt sie auf einem wunderbaren, schmiegsamen und ambrazarten Hals ein faszinierendes Gesicht in vollendetem Oval. Der sibyllinische und verführerische Ausdruck darin wirkt zwingend. Der kräftig gezeichnete Mund bildet eine bewegliche, stolze und üppige Linie unter der geraden und feinen Nase, deren Flügel über zwei Grübchen an den Mundwinkeln betörend zucken. Die prachtvollen, samtweichen und dunklen Augen sind umrahmt von langen, gebogenen Wimpern. Ihre leichte Verträumtheit erinnert irgendwie an die Hindurasse. Ihr Blick ist rätselvoll, er schweift ins Leere. Die tiefschwarzen, gescheitelten Haare geben dem Gesicht einen dunklen Rahmen. Das ganze Geschöpf atmet Wonne, wirkt verwirrend, ist voll überraschender Reize, zauberhafter Schönheit und erstaunlicher Reinheit der Linie«.[1] Diese gar nicht europäische, seltene Schönheit, dazu ausersehen, sich die Welt zu unterwerfen, war nichts für die guten Holländer. Sie sahen sie nicht, hatten kein Gefühl, geschweige Verständnis dafür. Sie sind an die alltäglichen blonden Üppigkeiten der drallen Frauenzimmer gewöhnt, die auf Terborchs Bildern z. B. lachend ihren Busen vor stumpfsinnigen Zechern zeigen, daher gehörten für sie Margarethe Gertruds köstliche Reize eher in das Gebiet der Karikatur als in das der Kunst. Ihre Pariser Freunde dagegen, die sie bisher nur flüchtig bewundern konnten, denken unaufhörlich an sie und fragen immer

---

[1] Worte eines Schriftstellers, der das Bild sah.

wieder, wann sie zurückzukehren gedenkt, um sie mit ihren Tänzen zu entzücken.

»Ja, wann?« – so fragt sie auch sich selbst. Immer mehr wächst ihre Verzweiflung in dem zum Sterben öden Nymwegen und trotz allwöchentlicher Drohbriefe ihres Gatten, worin er immer wieder für den Rest ihrer Tage mit dem Kloster droht, wenn sie noch ein einziges Mal seinen ehrlichen Namen auf der Bühne schändete, entschlüpft sie doch aufs Neue im Frühjahr 1905 und debütiert kurz nach ihrer zweiten Ankunft in Paris, diesmal aber nicht mehr vor einem profanen Publikum, sondern im Tempel der orientalischen Religionen selbst, im Musée Guimet (Museum der Religionen) vor dem unergründlichen Lächeln eines großen goldenen Buddha. Die gesamte Presse äußerte am nächsten Morgen höchstes Lob über diese Veranstaltung. Man war aus dem Häuschen! Die Orientalisten zumal versetzte die plötzliche Offenbarung dieser unbekannten religiösen Ausdrucksformen in einen Rausch des Entzückens. Was wiederum auf Mata Hari rückwirkte: In einer Anwandlung von Autosuggestion ließ sie sich für eine eingeborene, gottgeweihte Tänzerin Indiens halten. Umgeben von kostbaren Reliquien, die Gelehrtenhände in Krishnas Heiligtum vereinigt haben, in einen durchsichtigen safrangelben Schleier gehüllt, zelebriert sie die nur in ihrer Phantasie vorhandenen Gebräuche einer feierlich sinnlichen Religionsübung. Die Erinnerung an das, was sie auf Java gesehen, und die Träumereien in der Einsamkeit zu Nymwegen haben sich dabei zu einem organischen Ganzen vereinigt.

Ein amerikanischer Schriftsteller, der schon seit dreißig Jahren in Frankreich lebt, äußerte sich über die aufsehenerregenden Anfänge der berühmten Tänzerin etwa so:

Ich sah sie nicht im Musée Guimet, wo nur ein kleiner Kreis von Eingeweihten sie bewundern konnte; aber ein paar Tage später, auf einem Fest, das die ersten Damen der Diplomatie besuchten, hatte ich das Vergnügen, eine der Pantomimen Mata Haris zu sehen; man hielt diese Tänze damals für eine peinlich genaue Wiederherstellung der geweihten Bajaderentänze von Benares. Ich erinnere mich, dass vor Beginn ein sehr würdiger Greis dem Publikum die Bedeutung der rhythmischen Zeremonie klar machte und betonte, es wäre wohl immerhin eine Art Vorzug, diesem Schauspiel beiwohnen zu dürfen. »Eine Jungfrau, schön wie Urwasi, rein wie Damayanti und wie Sakuntala aus einem Kloster«, so sagte er, »wird Ihnen die Sage der schwarzen Perle vermitteln.« Und als der gelehrte und verehrungswürdige Vortragende seine dunkle Geschichte beendet hatte, sahen wir ein schmächtiges weibliches Wesen erscheinen: braune Haut, herbe Züge, feurige Augen. Sie trug einen Rock, der den Leib freiließ, und begann langsam zu tanzen. Sie beschwor Szenen eines sagenhaften Dramas herauf. Prinzessin Anuba weiß, dass auf dem Grunde des Meeres eine Muschel mit einer schwarzen Perle ruht, gleich der, die im Dolchknopf Meschebs glänzt, und ihr ganzes Trachten geht dahin, den Fischer Amry zu verführen, damit er sich entschließt, das Kleinod heraufzuholen. Entsetzt über diesen Vorschlag, antwortet der Fischer der Prinzessin, es wäre Wahnsinn, was sie verlange, denn die Muschel würde bewacht von einem Ungeheuer, das jeden, sobald er sich ihr naht, verschlingt. Aber sie lässt nicht nach, sie verlegt sich aufs Schmeicheln; sie berauscht ihn mit ihren Blicken, und schließlich taucht der Fischer ins Meer hinab, kehrt zurück, halbtot und geschunden aus dem Kampf mit dem Ungeheuer. So überreicht er der Prinzessin die Perle. Und die Prinzessin streichelt das blutbefleckte Kleinod, tanzt und tanzt und ist hingerissen von Entzücken über diesen Besitz ... Mir ist es, offen gesagt, nicht gelungen, den religiösen Kern in dieser Sage aufzufinden; dagegen konnte ich mir sehr gut die Begeisterung erklären, die bei der Pariser Künstlerschaft mit ihrem ständigen Hunger nach exotischen Sensationen gerade diese Tänzerin auslöste. Denn in Mata Hari, die so vortrefflich die tragische Koketterie spielte, mit dieser Koketterie das Leben eines Menschen forderte, um dafür mit teuflischer Freude einen Kuss zum Lohn zu geben und alles das nach vorausgegangener Sättigung mit den grausamsten Reizen; in dieser Mata Hari steckte eine leidenschaftliche Flamme, die alles Mögliche vortäuschen, mitreißen, Furcht einflößen konnte ...

In ihren Memoiren erwähnt die Tänzerin auch diesen Abend bei dem Gesandten von Chile, aber nur nebenbei, wenn dagegen die Prinzessin Murat sie einlädt, sich in ihrem Palais gleichsam nackt zu zeigen oder wenn der Prinz del Drago ihr zu Ehren ein Fest gibt, dann merkt man den Stolz, womit sie diese Namen in ihren schriftlichen Erinnerungen festhalten will.

Noch mehr Stolz liest man heraus, wenn sie am Ende der Memoiren gesteht, dass sie eine fürstliche Wohnung im Palasthotel auf der Avenue des Champs-Élysées und einen eigenen Wagen besitzt. Welch ein Gemisch von Eitelkeit und Einfalt! Sie merkt nicht, während sie das ihrem Vater schreibt, dass jeder, der ungefähr weiß, was eine Künstlerin verdient, das Recht hat, zu glauben, dieser Luxus könne unmöglich nur aus den Einnahmen der gesellschaftlichen Soireen, der Vorstellungen in der Olympia und der Vorführungen im Museum der Religionen bestritten werden. Bei einer Frau, die so völlig Herrin ihrer selbst, so vorsichtig, so zurückhaltend ist, erscheint eine derartige Unachtsamkeit um so rätselhafter, als sie auf jeder Seite ihres Buches sich eifrigst bemüht, an ihre tadellose Lebensführung glauben zu machen, ihr Gatte also, wenn er behauptet, sie schleife seinen Namen durch zweifelhafte Nachtkabaretts, sie verleumde.

»Beweis hierfür ist«, so sagt sie nochmals, »dass, als Anfang 1906 er selbst die Scheidung verlangt, die mir verweigert wurde, man nicht das Geringste gegen meine Lebensführung in Holland und Java einwenden konnte.« Damit schließt sie ihre Bekenntnisse und scheint nicht zu ahnen, dass mancher Leser unbescheiden genug sein wird, vor sich hinzumurmeln: – In Java und in Holland? ... Möglich ... Aber in Paris??

DIE BAJADERE

Die wollustschwangere Luft der intimen Feste, wobei ihre Anbeter nach feierlichen Opfern reicher Mahlzeiten sie mit der ganzen Glut ihrer Huldigungen umgaben, zeitigte in

Mata Hari etwas ganz Seltsames. In einem Anfall von Heimweh gefiel sie sich, klösterliche Kindheitserinnerungen heraufzubeschwören. Aber nicht das Bild einer Beguinenanstalt an den Ufern eines nebligen Kanals tauchte in ihrer Seele auf. O nein. Was sie ein paar Jahre früher über ihre Herkunft niedergeschrieben hatte, schien in solchen Augenblicken völlig vergessen. Sie, eine Europäerin? Tochter eines ehrenwerten Kaufmanns in Leeuwarden? Zögling der Schule von Cammingha State? Woher denn? Ihre jetzige Form war frei von jeder Bürgerlichkeit. Was sie zeigte, war ein Märchen, ein Märchen aus »Tausendundeinernacht«, ein Märchen in Blau, Gold und Purpur, worin die fremdartigsten Bilder beim Rhythmus exotischer Musik sich folgten.

»Ich kam zur Welt«, so lautet es jetzt aus ihrem eigenen Munde, »im Süden Indiens, an der Küste von Malabar in einer heiligen Stadt, namens Jaffuapatam, im Schoße einer Familie, die zur geweihten Kaste der Brahmanen gehört. Mein Vater Suprachetty hieß seines barmherzigen und frommen Sinnes wegen allgemein Assirvadam, das bedeutet *Gottes Segen*. Meine Mutter, eine berühmte Bajadere des Tempels *Kanda Swany*, starb mit vierzehn Jahren am Tage meiner Geburt. Nachdem die Priester sie zu Asche verbrannt hatten, nahmen sie mich bei sich auf und tauften mich auf den Namen *Mata Hari*, das heißt *Augenstern des Morgenrots*. Als ich meinen ersten Schritt tat, brachten sie mich in das große unterirdische Gemach der Shivapagode, um, den mütterlichen Spuren folgend, in die heiligen Zeremonien des Tanzes eingeführt zu werden. Aus meiner frühesten Kindheit habe ich nur ganz unbestimmte Erinnerungen an ein eintöniges Dasein: In langen Vormittagsstunden ahmte ich automatisch die Bewegungen der Bajaderen nach und am Nachmittag wand ich in den Gärten Girlanden aus Jasmin, um damit die priapischen Altäre des Tempels zu schmücken. Als für mich das Alter der Reife kam, beschloss die Oberpriesterin, die in mir ein auserwähltes Geschöpf sah, mich Shiva zu weihen und enthüllte mir die Geheimnis-

se der Liebe und des Glaubens in einer strahlend schönen Frühlingsnacht, wenn *Sakty-pudja* herrscht ...«
Bei dieser Stelle des Märchens fuhr, sagt man, der Tänzerin ein heiliger Schauer über den Leib. – »Können Sie sich eine Vorstellung von der Sakty-pudja in der Pagode der Kanda Swany machen?« Aber ihre europäischen Anbeter, worunter sich sehr häufig Akademiker und Minister befanden, mussten insgesamt gestehen, dass ihnen die brahmanischen Saturnalien Indiens unbekannt wären.

Und dann erklärte sie, angeregt durch den Wein, die Eitelkeit, das strahlende Licht in einem Meer von Wohlgerüchen, kurz durch die raffinierteste Luxusstimmung, die Mysterien der erhabensten Nacht, wobei ihre Stellungen und Bewegungen weit mehr sagten als ihre Worte. – »In dieser Nacht«, erzählt sie weiter, »kosten die Fakire die grausamen und göttlichen Wonnen des Shiva–Paradieses bis aufs Letzte aus. Die ersten Stunden des Festes sind stets der Liebessehnsucht im Opiumrausch gewidmet. Plötzlich, etwa wenn die Magier am Himmel das Zeichen der drei Göttinnen entdecken, ertönt aus dem Dunkel heraus die Musik mit betörenden Liebesharmonien. Unter dem fleischigen Laube des Dschungels kündet ein Glucksen das Erwachen der geweihten Schlangen an, die beim Erkennen ihrer Tanzrhythmen sich auf den Weg zum Tempel machen, wo Shiva ihre Huldigungen erwartet. Und dann beginnen die Schlangen zu tanzen. Und mit ihnen vereinigt, schlängelnd wie sie, kalt wie sie, mit Schmuck bedeckt, tanzen schließlich auch die nackten Bajaderen.«

Ein alter Freund, der zu einem der berühmten nächtlichen Gelage geladen war und dort hörte und sah, wie Mata Hari ihre künstlerische Weihe schilderte, sagte mir, man könne sich unmöglich die Wirkung der mystischen Verzückung vorstellen, die ihre aufreizenden Stellungen, ihr fieberndes Beben und ihre epileptischen Verrenkungen hervorriefen. Sie war Göttin und Reptil in einem. Ihre großen dunklen Augen, im Taumel halb geschlossen, ließen zwischen den

Lidern nur zwei phosphoreszierenden Stichflammen Bahn. Ihre wohlgeformten, ambraduftenden, langen und von Sinnlichkeit durchzitterten Arme schienen ein unsichtbares Wesen zu umschlingen. In den beringten, glänzenden, prächtig gestrafften Beinen zuckten die Muskeln, als ob sie aus der Haut springen wollten. Wer das gesehen hat, glaubte der Metamorphose einer Schlange in eine Frau beizuwohnen.

Diese Worte meines Freundes belebten wieder in meinem Gedächtnis das Gesicht einer Nacht, wo auch ich einem dieser dunklen und seltsamen Feste beiwohnte. Nur mit dem Unterschied, dass sich mein Fest nicht in dem reservierten Kabinett eines Pariser Restaurants nach dem Abendessen entrollte, sondern tatsächlich im fernen Indien, nicht weit von Colombo in einem klösterlichen Milieu, wo eine kleine Bajadere vor kauernden Singhalesen zu ihren Füßen tanzend die Anbetung eines ganzen Volkes entgegennimmt. Ich habe schon in meinen »Eindrücken aus dem Orient« dieses wunderbare und lastende, religiöse und familiäre Schauspiel in Worte zu fassen versucht. Nachdem wir uns mehr als zwei Stunden in den niederen Quartieren umhergetrieben hatten, drangen wir in einen Hof, matt erhellt von Papierlaternen. Anfangs sahen wir nur recht armselige Gestalten in weißen Hemden und noch armseligere, die ganz nackt waren. Aber nach und nach entdeckten wir in der Menge verborgen ein paar Seidenkleider und vier oder fünf gelbe Shawls, woran man die Buddhapriester erkennt. Wie alle anderen setzten auch wir uns auf eine Matte und warteten. Der Tanz hatte noch nicht begonnen. Aber eine quälende Musik, eine Musik, die nie einen Anfang gehabt zu haben scheint und nie ein Ende finden dürfte, eine Musik mit dem Laut einer zerrissenen Klage, eines schmerzlichen Seufzers, eines schluchzenden Liebesgestammels irrte umher im Dunkel, ohne dass man hätte ahnen können, woher sie kam. Warum bereitete dieser Rhythmus uns ein so tiefes Unbehagen? Dafür fanden wir keine Erklärung.

Lautlos wie ein Phantom erscheint endlich die Bajadere.

Das ist die Volkstänzerin, die eingeborene Pflanze, die natürliche Frucht des Landes. Die Bronzefarbe ihrer Haut ist nicht durch Essenzen hervorgerufen, und wenn die Nägel ihrer Zehen vergoldet sind, so kommt das von der Sonne, die darauf fällt. Sie müssen so glänzen. Kein ausgeklügelter Einfluss verdirbt ihre naive Kunstübung. Kein Ritual wägt ihre Schritte ab. Und von dem ganzen Geschmeide, das sie schmückt, sind einzig und allein die beiden großen schwarzen Diamanten ihrer Augen nicht falsch. Was macht das aus! So wie sie ist, schlicht und göttlich, nicht um Fürsten zu ergötzen, sondern um den Rausch malabarischer Seeleute und singhalesischer Lastträger zu wiegen, so wie sie sich in dieser Nacht zeigt, umgeben von bescheidenen Blumengirlanden, unter dem phosphoreszierenden Mantel des Himmels, scheint sie die würdige Schwester der sagenhaften, geheimnisvollen Devadasis zu sein.

Die Musik zog mich immer mehr in ihren Bann. Sie hat denselben einschläfernden und monotonen Rhythmus, mit dem die Schlangenbeschwörer ihre Tiere besprechen. Ich habe genau beobachtet, wie die Bajadere ihren Hals dreht und ihren Kopf bewegt. Es ist der Rhythmus der Schlange. Und die Wellenlinien der vollen Arme, die Aufwärtsbewegungen der Beine, die Spirallinien des ganzen Körpers, sie alle gehören der Schlange, der geweihten Schlange.

Langsam, mehr gleitend als schreitend, kommt die schöne Tänzerin näher, bis sie mit ihren nackten Fußspitzen die Zuschauer der ersten Reihe berührt. Die goldenen Ringe um die Knöchel und die vielen anderen Spangen, die sie trägt, begleiten alle ihre Rhythmen wie mit einem leisen Murmeln. Ein dreireihiges Halsband aus bunten Steinen hört nicht auf zu zucken, ein Beweis für den dauernden Aufruhr ihres Fleisches selbst in Augenblicken scheinbarer Ruhe. Und nicht allein Arme und Beine sind in Bewegung, nicht nur Hals und Lenden, nein, der ganze Körper ist in Aufruhr.

Selbst die Haut bekommt Leben; und eine Einheit, eine Harmonie offenbart sich so völlig, dass, wenn ein Lächeln über die Lippen huscht, dasselbe Lächeln auf Busen, Händen und Füßen triumphiert. Alles lebt, alles schwingt, alles jauchzt, alles liebt. Was die Bajadere zeigt, ist weit mehr eine Pantomime der Liebe, als ein Tanz. Ihre Gesten sind bezaubernd. Mit einem lauten Klirrenlassen ihrer Schmuckketten nähert sie sich dem Erwählten und fordert ihn auf, die Schätze an Schönheit, die sie ihm bietet, einzeln zu betrachten. Welch naive und zündende Koketterie in jeder Bewegung! »Diese Augen«, scheint sie zu sagen, »diese verträumten und traurigen Augen, diese schwellenden Lippen, diese Wollust atmenden Arme, dieser ganze bebende Leib ist Dein, er gehört Dir, schau ihn an!« Und um sich vorteilhafter zu zeigen, kommt sie ihm ganz nahe, entfernt sich, kehrt zurück und wiederholt das Spiel viele Male ...

Ihre Blicke wirken wie ein Liebestrank, den die Wollust kredenzt. Die Nasenflügel saugen gierig die Luft ein und diese Luft ist geschwängert mit den aufreizendsten Düften des Orients, vornehmlich mit Erregern von Verzückung und schrankenloser Sinnlichkeit. Der ständig zuckende Leib streckt sich immer mehr, um sich schließlich in bestrickenden Spiralen zu winden. Die Hände, die sich in Wellenlinien heben, scheinen unaufhörlich zu steigen. Die Musik beschleunigt ihre durchdringende, stechende, trostlose Melodie ... Und betört von dem Rhythmus, sehen wir schließlich halb verschwommen mitten im Kreise zwischen Zweigen und Blumen über der hingerissenen Menge nichts anderes als eine schöne, im Schmuck bunter Steine schillernde Schlange. Goldglänzend, wollusttrunken windet sie sich im Tanz.

Ob das sensationelle Auftreten Mata Haris bei exklusiven Gelegenheiten ihren Pariser Bewunderern einen ebenso tiefen und geheimnisvollen Eindruck vermittelt hat, wie mir der naive Tanz der kleinen, bescheidenen Bajadere von Kanndi? Ich glaube es nicht. Als treue Schülerin der Apsaras der Kanda Swany übersah die berühmte Tänzerin zunächst absichtlich die Einfachheit der Volksfeste und verlor bei ihren liturgischen Ausübungen niemals die Forderungen des schrecklichen Shiva, dieses Gottes aller Sünden, aller Verhängnisse, aller Grausamkeiten aus dem Auge. In Briefen an Dichter und Musiker, die in ihrem Auftrage die Inhaltsangaben für die Tänze lieferten, betont sie ausdrücklich den Wunsch, nichts den Launen der Phantasie zu überlassen, sondern sich stets den genauen Regeln eines mythologischen Symbolismus zu unterwerfen. Tatsächlich beanspruchte jede ihrer Pantomimen, als die plastische Verwirklichung irgendeines heiligen Gedichts hingenommen zu werden, entsprechend jenem, das auf dem purpurfarbenen Granitaltar in der Pagode der malabarischen Freudenfeste, in den Nächten der geheimnisvollen Orgien die nackten Bajaderen zeigen als Verkörperung des dreifachen Mythos von Pahvany, Lakmy und Sakty.

Auf diesem Altar tanzte ich im Alter von dreizehn Jahren zum ersten Male, ganz nackt – so pflegte sie sehr oft zu sagen, um sich im Anschluss daran vor ihren verdutzten Anbetern aller Hüllen zu entledigen.

In Wahrheit hatte Mata Hari die mystische Orgie im Heiligtum des Shiva nur in Büchern gesehen; freilich wird sie in diesen Büchern die Schilderung nicht ohne ein Gefühl tiefsten Erschauerns und gleichzeitig auch verwandtschaftlicher Sehnsucht betrachtet haben. Denn sie vermitteln tatsächlich mit einem Schlage den Begriff perverser Merkwürdigkeiten und tiefgründiger Widersprüche, diese Schilderungen der heiligen Saturnalien, wo die Bajaderen im Tempel des Shiva die ungeheuerlichen Gebräuche des Lingamkults anwenden, wie uns das die Forscher vergangener Tage getreulich überliefert haben. »Um ein Tabernakel sieht man verteilt in verzückter Stellung, in Schweiß gebadet, keuchend, etwa dreißig nackte Tänzerinnen, denen Priester und Getreue den denkbar höchsten Grad von Hingerissenheit bezeugen. Plötzlich ertönt die Stimme des Obersten der Pundjarys; ihr gehorchen alle diese Frauen sofort. Sie geben ihre Stellungen auf und werfen sich auf die Erde. Es entsteht ein großes Durcheinander von Schenkeln, Armen, Hälsen und Händen. Nur die drei Priesterinnen, in denen die drei Göttinnen der allumfassenden Buhlschaft Fleisch und Blut geworden sind, bleiben aufrecht stehen inmitten dieses zuckenden Menschenknäuels. Niemals, selbst nicht in den tollsten Träumen, hat die Phantasie eines Opiumrauchers etwas so Furchtbares ausbrüten können, das diesem Schauspiel mystischer Sinnlichkeitsraserei, dieser Woge weiblichen Fleisches, wie sie sich der Vergewaltigung durch trunkene Fakire darbietet und mit ihrer Nacktheit einen Rausch zügelloser Bestialität entfesselt, auch nur im Entferntesten nahegekommen wäre. Die Geschlechter vermischen sich, die Schreie gehen in Seufzer über und enden schließlich in einem schweren dumpfen Gebrüll. Die drei Apsaras tanzen, als ob sie nichts sehen, ruhig weiter bis zu dem Augenblick, wo die drei Priester, die Vertreter der drei Götter, sich auf sie stürzen, um im Genuss ihrer jungfräulichen Liebkosungen unterzutauchen.«[2] So prächtig die Orgien Mata Haris gewesen sein mögen, es ist wohl klar, dass sie mit diesen brahmanischen Festen der Shivapagoden kaum eine Ähnlichkeit gehabt haben können; aber durch das starke Betonen eines sinnlichen Mystizismus verstand sie es, ihre Tänze so geschickt zusammenzustellen, dass selbst die gelehrten Orientalisten sich beugten, wenn sie ganz ernsthaft immer wieder sagte: »Dort auf dem purpurnen Granitaltar der Kanda Swany habe ich die Weihe empfangen« ...

Das Einzige, was sie wirklich studiert oder zum Mindesten selbst gesehen haben konnte, war der Tanz der kleinen Javanerinnen in den Städten, wo ihr Gatte, als Oberst der Kolonialarmee, in Garnison lag. Und zwischen dieser Kunst, die so zierlich und verschmitzt ist und sich aus stilisierten Gebärden und überlieferten Bewegungen zusammensetzt, und dem rasenden Tanz der malabarischen Apsaras ist ein riesengroßer Unterschied. Wie Götzenbilder aus Gold und Email haben die winzigen Weibchen auf Java oder Sumatra, schüchterne, priesterliche, unberührte Geschöpfe, scheinbar weder Fleisch noch Geist. Sie sind halb abstrakte Verkörpe-

---

2 Siehe Jacolliot (bekannter Orientalist).

rungen vorzeitlicher Riten, die sich durch alle Zeiten unveränderlich erhalten, denn sie vererben ihre Stellungen und Kleidungen, ihre Bewegungen und ihren Kopfschmuck, ihre Spangen und ihr Lächeln durch die Jahrtausende in immer gleichen Formen. Wie in längst verflossenen Epochen die ersten gelben Fürsten sie sahen, genau so sehen wir sie heute. Die Seide war im Okzident noch unbekannt, als sie sich ihre Röcke bereits aus Brokat schufen. Die Tempel, in deren Vorhöfen sie tanzen, konnten verfallen und einstürzen, ohne dass sie deshalb ihre Schritte auch nur im Geringsten änderten. Kurz, sie schienen weder Herz, noch Kopf, noch Leben überhaupt zu haben. Wenn die Berichte ihrer Historiker wirklich zuverlässig sind, zeigen sie nie die geringste Liebesregung.

Es ist also wenig wahrscheinlich, dass die keuschen Javanerinnen von Benjoe-Biroe oder von Semarang die Anreger für Mata Haris Tänze gewesen sind.

Man braucht nur zu lesen, was die Anbeter über ihre intimen Feste geschrieben haben, und man ist sofort überzeugt, dass ihre Tänze ganz auf sinnlichen Prunk, Verführung, raffiniertes Wolluststudium eingestellt waren. Was sie an Kleidern trug, mochte es noch so leicht sein, schien sie ständig zu beengen, abgesehen natürlich von ihren Besuchen in den Theatern und in den Salons der Aristokratie. Sowie sie von jeder gesellschaftlichen Bindung frei war, konnte sie nichts Eiligeres tun, als sich ihrer langen Röcke zu entledigen. In ihren allerletzten Zeiten sogar, kaum zwei oder drei Tage, bevor sie erschossen wurde, wollte sie in einem Anfall satanischer Besessenheit, die sich austoben musste, noch einmal das Schauspiel ihrer nackten Schönheit bieten und sie begann in ihrer Zelle zu tanzen, bis die barmherzigen Schwestern, die im Gefängnis von Saint-Lazare den Dienst versahen, von einem der Wächter aufmerksam gemacht, herbeieilten und die sündige Regung bannten.

Wer eine ganz genaue Vorstellung der heiligen Tänze Mata Haris haben will, findet Ausführliches darüber in einem Roman. Er gibt die Beschreibung eines Festes, das 1917 im Palais der Herzogin von Eckmüll stattfand und dessen Glanznummer die nackte Bajadere war. Man lese nach:

»*Einzig die kleinen Brüste waren bedeckt, und zwar mit zwei Schutzkuppeln aus ziseliertem Kupfer, die an dünnen Ketten hingen. Spangen mit blinkenden Steinen legten sich um die Handgelenke, die Oberarme und die Knöchel an den Füßen. Alles Übrige war nackt, vielsagend nackt, von den Fingernägeln bis zu den Fußspitzen. Beherrscht von den edelsten Halslinien formte der plastische und kernige Leib seine zwitterhafte Biegsamkeit zwischen den symmetrischen Kurven, die von den offenen Achselhöhlen unter den erhobenen Armen auf die Rundung der Hüften sich herabsenkten. Die vollendet schönen Beine standen da wie zwei herrliche Säulen einer Pagode. Die Kniescheiben glichen zwei Lilienknospen. Die Muskeln spannten sich. Alles war weiß, fast gelblich, ambraartig, mit goldigen Schimmern und rosigen Reflexen bestreut, während, getragen von dem Doppelkapital der sanft geschwellten Schenkel, das schmale Becken wie aus Elfenbein sich darbot. Nach einer letzten Beschwörung in Schlangenwindungen wandte Mata Hari sich lächelnd zu dem eingeschlafenen Gott und berührte flehend dreimal mit dem Kopf die Erde. Dann mit ganz, ganz langsamer Drehung um sich selbst schob sie mit demselben langsamen Rhythmus die breite Metallspange vom linken Handgelenk. Und nun sah man an derselben Stelle einen natürlichen Reif, der zart auf die matte Goldhaut tätowiert war. Er bildete eine Schlange, die sich in den Schwanz beißt*«.[3]

Aber wie soll man sich nur das echt Indische in der sinnlichen und mystischen Kunst dieser Bajadere erklären? In ihrer Familie, rein holländischer Abstammung, war niemals ein Tropfen exotischen Blutes nachweisbar. Mit ihrem Gatten hielt sie sich nur eine Zeitlang auf Java und Sumatra auf, und bei ihrer gesellschaftlichen Stellung hatte sie vielleicht niemals Gelegenheit, die eingeborenen Tänzerinnen zu sehen. Demnach müssen wir also annehmen, dass sie ihre Kunst auf rein akademischem Wege erlernt hat? Offenbar.

---

3 Les Défaitistes von Louis Dumur.

Und nichtsdestoweniger zwingt uns auch hier das verflixte Fragezeichen, das überall im Bereich dieser Frau auftaucht, zu dem bohrenden Forschen, wie es möglich war, dass eine Europäerin, eine Friesin, ein Spross der gediegenen Matronen, wie wir sie auf den Bildern Rembrandts sehen, bis zum Physischen das hat sein können, was sie war. Denn in diesem Punkte stimmen alle, die sie kannten, überein. Sie erklären insgesamt, ihre Schönheit wäre wirklich die reinste Verkörperung des asiatischen Typus gewesen, kupfern, mit großen feurigen Augen und kohlrabenschwarzen Haaren. Auch ihrem Arzt im Gefängnis von St.-Lazare fiel es, obgleich an ihrer echt holländischen Geburt nicht der geringste Zweifel bestand, außerordentlich schwer, sie nicht für eine beglaubigte Bajadere aus der geheimnisvollen Pagode der Kanda Swany zu halten.

DIE HEILIGE KURTISANE

Der Bezirksarzt bei der Pariser Sittenpolizei, Dr. Bizard, berichtet in seiner Studie über den schlechten Lebenswandel während des Krieges, dass er die berühmte Mata Hari in einem öffentlichen Hause kennengelernt habe, lange, bevor sie wegen Spionage zum Tode verurteilt werden sollte. Aber wir erfahren nicht, ob sich die Tänzerin als Pensionärin oder als Gast in diesem Hause befand. Um so besser. Denn dadurch behält dieser dunkle Punkt im Leben der Künstlerin den Schleier des Geheimnisses, und so ist sie vor der wahrscheinlichen Schande der Tatsache gerettet. Man hat gesagt, es sei nichts Erstaunliches an einem Besuch Mata Haris in einem Tempel der käuflichen Liebe ... Ihr sündiges Temperament, das sich wohl oft Ruhepausen gönnen musste, aber niemals befriedigt werden konnte, sei doch der natürlichste Grund dafür. Keineswegs! Sie trieb der Wunsch, die Liebe als eine außerordentlich feine, außerordentlich verwickelte Kunst zu pflegen, oder besser noch als eine geheime Wissenschaft, die willkommene Laboratorien zu Versuchen *in anima vili* braucht. Eine Mata Hari kann sich bei der Ausübung ihres Dienstes wirklich nicht mit naiven Listen begnügen, wie sie alle übrigen Hetären, auch ohne Ovid gelesen zu haben, anwenden, um ihre Geliebten zu fesseln. In ihr gibt es nichts Oberflächliches, nichts Frivoles, nichts Kokettes nach Pariser Art. Nichts, was an das begehrende Püppchen denken lässt, womit die Männer eine Nacht, eine Woche oder ein Jahr oder gar ein ganzes Leben lang spielen und dessen einziger Ehrgeiz ist, durch die freigebigen Hände seines Herrn verzärtelt, gehätschelt, geschmückt zu werden. In ihr ist nichts unbewusst, weder das Lachen noch die Tränen, noch die Treulosigkeiten, weder die Ohnmachten noch die wilden Ausbrüche der Wonne. Vielleicht bestärkt durch die Überzeugung, dass ihrem Körper die zuckende Seele einer Bajadere aus den alten Hindupagoden, wo die Vierundsechzig Riten der Wollust verrichtet werden, wieder einverleibt wurde, gibt sie sich der Pflege ihrer intimen Beziehungen mit demselben Eifer hin wie der Ausbildung ihrer Tänze. Alle Zaubermittel, Amulette, Beschwörungsformeln, Geisteranrufe der Liebe studiert sie, erforscht sie bis aufs Letzte – bedient sich ihrer ...

Wenn man das hört, wird man vielleicht lächeln und glauben eine Zigeunerin plaudere Rezepte aus, womit man sich die Treue der Geliebten erhalten könne ... Das Resultat von Mata Haris Methoden jedoch zwingt uns, mögen wir noch so skeptisch sein, die Probleme des Unerklärlichen mit neugieriger und ehrlicher Erregung zu betrachten. Sind nicht alle Gelehrten unserer Zeit beflissen, die Äußerungen der Medien zu überwachen, zu erforschen? Ist die Tatsächlichkeit des Hypnotismus, der Autosuggestion und der Telepathie nicht bereits ein wissenschaftliches Dogma geworden? Erst jüngst hat Doktor Laumonier, der die Kräfte der Edelsteine lange untersuchte, versichert, es sei zum großen Teil nachweisbar richtig, was die Kabbala über die Wundermacht der Smaragde, Saphire und Perlen sagt. Warum also über die Geheimwissenschaft der Liebe spotten? Als Caligula, entsetzt über seine eigene Vernarrtheit in die verblühte Cesonia, die Ratgeber zusammenrief, um sie zu fragen, ob es nicht angebracht wäre, diese Frau auf die Folter zu werfen, damit sie gestehe, welche Zaubermittel sie anwende, um die Männer ihrem Willen zu beugen, handelt er gar nicht so unvernünftig, wie Sueton sich das vorstellt. Es existiert, daran ist gar nicht zu zweifeln, eine erotische Magie, wovon in Europa scheinbar nur noch die Zigeuner ein paar Reste kennen, die aber bei den fernen orientalischen Völkern ihre Andächtigen und ihre Heiligtümer sich ständig erhalten hat. Diese Magie mit ihren berauschenden Zaubertränken, geheimen Parfüms, zahllosen Liebkosungen, unendlichen Beeinflussungen, dunklen Ängsten, nie befriedigten Neugierden, beständigen Gefahren, grausamen Wahnsinnsanfällen; diese Magie, mit der man in den düsteren Shivatempeln Indiens oder an den Astartealtären Syriens in Berührung kommt; diese Magie, die gleichzeitig erhaben und bestialisch, feingeistig und feil ist und bisweilen, in ihren Einzelheiten, nur ein harmloses Spiel unfasslicher Kindereien zu sein scheint, die das christliche Mittelalter mit einem unnützen Diabolismus befruchtete durch die grotesken Orgien seiner schwarzen Messen, die aber im Orient die Frische einer Gemeinschaft der Sinnenlust, einer schrankenlosen Betätigung des Besitzes behalten hat, deren ursprüngliche Elemente sich in allen leidenschaftlichen Seelen finden und die, mit einem Wort, nur die intensive Entwicklung oder die monströse Blüte unserer fleischlichen Lüste ist, unserer Sinne, unseres Erobererinstinkts, der uns beherrschenden Wollust, diese Magie studiert Mata Hari mit glühendem Eifer. Keineswegs wie die dilettantischen Epheben, die in ihren Zirkeln zu Oxford die sinnlichen Geheimnisse des Prem Sagar oder des Gita Govinda erläutern, indem sie sich die Hände kitzeln, sondern mit der scharfsinnigen Beständigkeit des Priesters, der nie vergisst, dass der Altardienst sein Beruf ist. Die Bibliothek, die sie bei der Abreise nach Spanien in ihrer Villa in Neuilly zurückließ, enthielt deutsche, englische und französische Übersetzungen von Sanskritschriften mit dem Thema: die Liebe. Heute ist diese Bibliothek in alle vier Winde verstreut und bei den verschiedensten Bibliophilen zu finden. »Alle diese Übersetzungen«, sagten Augenzeugen, »sind über und über voll von Randbemerkungen in der hohen und engen Handschrift, die so viel Energie andeutet.« Eines dieser Werke, das mir ein Bekannter gab, ist höchst aufschlussreich für die zähe Beschäftigung seiner einstigen Besitzerin mit diesem Stoff, und ohne Übertreibung kann man sagen, das Wesen der orientalischen Liebe hat in ihm so etwas wie eine Bibel gefunden. Ich meine das berühmte Kama Sutram, das die Hindu jahrhundertelang in den Schulen der geweihten Bajaderen verborgen aufbewahrten und das die Engländer profaniert haben durch Übersetzungen in alle europäischen Sprachen. Das Exemplar der Tänzerin ist in schweren Purpurdamast gebunden und trägt auf dem Rücken eine fürstliche Krone. Vielleicht das Geschenk eines vornehmen Gönners, der ihre Neigungen kannte? Nichts darin zeigt seine Herkunft an. Es enthält, ausnahmsweise, auch keine Randbemerkungen. Aber in Abständen vermerkt eine tiefe Furche, mit einem Metallstift

oder einem Fingernagel gezogen, Stellen, die die besondere Aufmerksamkeit dieser Frau angezogen haben, um darin die Geheimnisse der brahmanischen Wollustäußerungen zu suchen. Und diese Stellen sind so lehrreich, sie passen so vortrefflich zu dem schwankenden Bilde, das wir uns von dieser kapriziösen und abenteuerlichen, unsteten und hochmütigen, nach den seltensten Reizungen lüsternen und krankhaft gierigen Frau machen; sie scheinen so ganz und gar mit ihrer Sinnlichkeit und Eitelkeit gesättigt zu sein, dass, wenn ich sie jetzt lese, nachdem ich die unauslöschliche Spur gesehen habe, die ihre Küsse auf den Lippen ihrer Geliebten hinterließen, ich das intimste und aufrichtigste ihrer Geständnisse zu hören glaube. Zum Beispiel, in dem Kapitel: »Über die Beweggründe, die den Kurtisanen als Führer dienen müssen« hat ihr Werkzeug folgende Sätze unterstrichen: »*Wenn eine Kurtisane den Mann, dem sie sich hingibt, liebt, sind ihre Handlungen natürlich, wenn sie dagegen nur auf ihren Vorteil aus ist, sind sie künstlich; aber im letzteren Falle sollen sie den Eindruck der Aufrichtigkeit machen, denn der Mann hat nur zu der Frau, die ihn zu lieben scheint, Vertrauen.«*
... »*Die Männer, die man nur ihres Geldes wegen nehmen soll, sind: die ganz jungen mit einer Erbschaft, die hohen Beamten, entweder solche, die sich der Gunst der Herrscher erfreuen oder solche, die eitel auf ihre Reichtümer sind, die Helden usw. ... Sie muss aber auch zur Befriedigung ihrer Eigenliebe und ohne Berechnung sich um Gelehrte, Künstler und Wahrsager usw. bemühen.«* - »*Die Kurtisane muss sich immer schön und liebenswürdig zeigen und an ihrem Leibe die Zeichen ihrer Vorbestimmung tragen. Sie muss die schönen Eigenschaften bei den Männern schätzen, ohne deshalb jemals aufzuhören, das Glück im Auge zu behalten. Sie muss gern geschlechtliche Vereinigungen eingehen und in jedem Fall von der Kaste des Mannes sein, der sie besitzt. Sie muss sich ohne Rast und Ruhe bemühen, den Schatz ihrer Erfahrung und ihrer Talente zu vermehren, was ihr gelingen wird, wenn sie sich immer hochherzig zeigt und eine treue Freundin der Unterhaltungen und der Künste bleibt.«* In einem anderen Kapitel, wo Vatsiayana die Bajadere lehrt, wie sie sich im Bett benehmen soll, sind folgende Stellen unterstrichen: »*Um den*

Geliebten für sich zu gewinnen, muss die Kurtisane die lebhafteste Bewunderung für seine Kenntnis auf dem Gebiet der Liebkosungen bezeugen und für seine Art sie zur Hingabe zu bewegen.« - *»Wenn sie mit ihm schläft, muss sie stets zu allem bereit sein; sie soll alle Teile seines Körpers streicheln; sie soll ihn küssen, wenn er eingeschlafen sein wird; sie soll ihn mit sichtlicher Sorge betrachten«* ... *»Nach dem ersten Besuch soll sie ihn anregen, einige Riten mit ihr feierlich auszuführen«* ... *»Die Frau muss nach Lotos und Blumen riechen, muss den Duft des Weines und des Meeres haben; sie muss Geschmack an Betel finden.«* Beim Weiterblättern fand ich noch folgende Dinge unterstrichen: *»Damit sein ganzes Wesen dir gehört, lass ihn einen Trank genießen, den du bereitest aus Chabapfeffer, Duchalawurzeln, Sansevierakörnern und Roxburguianakörnern, aus Kshiriasaft und Schadavanstrazweigen.«* - *»Um zu gefallen, beachte wohl die Ratschläge des Atharva-Veda.«*

Die Macht ihres Glaubens an diese orientalischen Lehren einer erotischen Wissenschaft ist so tiefgehend, dass wir nicht das Recht haben, die natürliche Entwicklung Mata Haris zu einer wahren Zauberin der Liebe in Zweifel zu ziehen. Dank den Lehren, die sie in den geheimen Büchern des Orients fand und den Erfahrungen, die ihr die praktischen Schulen der Wollust im Okzident vermittelten, hat sie folgerichtig dieses Ziel erreicht.

Wenn nicht, wie soll man sich ihre Macht der Verführung erklären, ihre absolute Herrschaft über die Männer, die einmal ihr Lager geteilt hatten. Man bedenke, dass ihre Opfer nicht immer einfältige Offiziere sind, auch nicht eitle Klubleute, die sich in den Foyers der Theater wie zu Hause fühlen, auch nicht reiche Bankiers mit gierigem Hunger nach exotischen Sensationen. Im Verlauf ihres Prozesses hat sie selbst gestanden, dass stets, wenn ein Mann ihr »genehm« war oder ihr »gefallen« hat, ihre Netze fein genug waren, ihn zunächst zu kapern und dann stark genug, ihn für lange gefangen zu halten. Unter diesen Männern erscheinen einer der berühmtesten Advokaten Europas, ein Botschafter, ein Kriegsminister, ein Ministerpräsident, ein kaiserlicher Prinz, ein Großfürst, ein hervorragender Künstler ... und viele, viele andere Ungenannte, die noch berauscht sind, wenn sie zurückdenken an die schrecklichen oder gehobenen Nächte in den Armen der Kurtisane Shivas, die erfüllt waren von fremdartigen Parfüms, von nie zuvor gefühlten Wonnen, von grausamen Küssen, von rasenden Sinnlichkeitsausbrüchen.

Es muss schon etwas Höllisches, Geheimnisvolles, Magisches auf den Lippen der Bajadere gewesen sein, damit sie eine so buchstäbliche Behexung aller, die in ihren Kreis traten, erreichen konnte. Denn nach dem Zeugnis derer, die sie auf der Höhe ihres Ruhmes ganz aus der Nähe sahen, bot ihre Schönheit nichts Außergewöhnliches. Sie war zweifellos ein hübsches Frauenzimmer, obgleich nicht mehr ganz jung, und auch mit etwas zu scharfen Zügen und schon etwas welkem Busen, aber immer noch schlank, schmuck, immer sehr elegant und stets pochend auf das Prestige ihrer Kunst und ihres Exotismus. Schönere als sie gibt es zweifellos viele; Verführerischere, Fähigere, die Männer in Sklaven zu verwandeln, ganz sicher keine. Die sie geliebt haben, geben dies zu. Und wenn es den Richtern und Sittenpredigern nicht gelang, eine derartige Herrschaft sich zu erklären, so kommt das daher, dass sie bei ihrer Blindheit nüchterner Menschen sich nicht Rechenschaft ablegen wollen über die immerhin mögliche Existenz einer Zauberei, einer schwer zugänglichen Fähigkeit zur Umgarnung, kurz einer magischen Kunst, die gewissen menschlichen Geschöpfen die teils erlernte, teils angeborene wunderbare Macht verleiht, den Willen derer aufzusaugen, die sich in ihren Bereich hineinziehen lassen.

DAS GEHEIMNIS IHRER SEELE

Wie sie selbst erzählte, hatte sie von allem Anfang an die Ahnung, ihr Leben, ihr Künstler- und Liebesleben würde ein magisches Gewebe aus unvorhergesehenen Ereignissen sein; und aus einem ihrer seltenen Briefe, die man veröffentlicht hat, erhellt tatsächlich, wie selbst in ihren blendendsten Augenblicken, auf dem höchsten Gipfel ihres Ruhmes, in völliger Ruhe und üppigem Reichtum, als ihr die Großen und Mächtigen von ganz Europa zu Füßen lagen, als sie fühlte, ihr Traum, ein Idol auf einem sagenumwobenen Altar zu sein, habe sich verwirklicht, wie selbst da etwas auf dem Grunde ihres Seins bei der geringsten Erschütterung erzittert und bebt. Einem der Freunde, die sie am zärtlichsten liebten, schreibt sie einmal: »*Schützen Sie mich doch vor so vielen Dingen, die mir Pein bereiten und mir sogar die Arbeit verleiden.*« Und wenn man erwägt, was die Frau, die sich so ausdrückt, war, wenn man bedenkt, dass ihre Füße bei ihren Triumphfahrten damals nur auf Blumenteppiche traten, wenn man sich erinnert, dass Fürsten im Vorzimmer ihres Palais warteten, dann verliert man sich in quälenden Fragen nach den geheimnisvollen Stimmen des Schicksals. Diese Bajadere hatte also mitten in ihrem Glanz Anfälle von düsterer Angst? Ihr Denken und Fühlen jedoch war weder abergläubisch noch leichtfertig. Ihre Moral erscheint stets auf sehr klare, höchst kluge und trostreiche Regeln gegründet. »*Ich glaube aufrichtig*«, schreibt sie, »*dass, wer Gutes sät, schließlich auch Gutes ernten und wer Schlechtes sät, schließlich nur Schlechtes ernten wird und wer den Zweifel sät, nichts anderes als nur den Zweifel ernten kann.*« An dieselbe Person etwas weiter unten: »*Zuweilen glaubt man an Überraschungen des Schicksals, aber bald bemerkt man, jedem wird das Schicksal zuteil, das er sich bereitet.*« Hartnäckig, bestimmt und energisch, wie sie war, verfehlte sie nicht, sich Rechenschaft abzulegen darüber, dass ihre Kunst und Schönheit in Verbindung mit ihrer Jugend schließlich die Grundlagen ihrer Herrscherwürde waren. Und wenn wirklich, wie alle, die mit ihr verkehrten, versichern und der oben zitierte Brief es besonders deutlich zu machen scheint, eine vage Furcht vor späteren düsteren Ereignissen in ihr gelebt hat, dürfte es logischer sein, sie verborgenen Warnungen des Schicksals zuzuschreiben, als zu glauben, diese Frau wäre zur Zeit ihrer ersten Erfolge bereits von schlimmen Ahnungen gequält worden, wie sie Missetäter ständig haben.

Hier glaube ich die Frage nach Mata Haris Unschuld an mich richten zu hören, die bereits mehrere spanische Schriftsteller, darunter der Senator Junoy, aufgeworfen haben. Nein, auf Pflicht und Gewissen gefragt, könnte ich nicht daran glauben.

Denn wenn man ohne Leidenschaft und Vorurteil die Akten ihres Prozesses liest, ist es unmöglich, die Schuld dieser Frau zu leugnen. »Sie war schuldig«, sagen uns ihre zwölf Richter. »Sie war vom deutschen Spionagedienst bezahlt.« Wie soll man nach solchen Worten noch zweifeln? ... Diese Wahrheit, durch ein fürchterliches Urteil bekräftigt, erscheint jedoch um so anfechtbarer, je besser man das Leben, den Charakter und die Vorstellungen der unglücklichen Tänzerin studiert.

Vom ehelichen Joch kaum befreit, im Frühjahr 1905, kurz nachdem sie im Museum der Religionen debütiert hatte, finden wir sie in einem der vornehmsten Hotels auf den Champs-Elysées auf das Prächtigste eingerichtet. Sie besitzt einen eigenen Wagen und kostbarsten Schmuck. Aber es wäre wohl lächerlich, diesen damaligen Glanz mit dem Golde der Berliner Agenten irgendwie in Verbindung zu bringen. Welche Dienste, frage ich, konnte den Generalen, die einen eventuellen Krieg gegen Frankreich ausarbeiteten, eine Fremde ohne Beziehungen, ohne Anhang im Lande und als exotische Tänzerin noch kaum bekannt, wohl leisten? Gar keine. Und seit jener Zeit bis zum Tage ihrer Verhaftung war sie stets von einem ähnlichen Luxus umgeben, zeigte sie sich immer höchst verschwenderisch, zwang sie ihre kostspieligsten und tollsten Launen den Legionen von Anbetern aus allen Teilen der Welt lächelnd auf. In der Anklageschrift ihres Pariser Spionageprozesses nennt man als

Beweis ihrer Schuld ihre intimen Beziehungen oder, besser gesagt, ihre Liebesverhältnisse mit hohen Persönlichkeiten, z. B. mit dem deutschen Kronprinzen, dem Herzog von Braunschweig, dem Polizeipräsidenten von Berlin. Doch wenn meine Psychologie mich nicht täuscht, wäre das weit eher ein leises Zeichen für ihre Unschuld, denn ein kaiserlicher Prinz, ein regierender Herr und ein hoher Beamter, selbst wenn sie Preußen oder mit dem preußischen Herrscherhause verbunden sind, haben im Allgemeinen ihre Maitressen nicht unter den Spioninnen gewählt. Ferner schreibt der Major Massard in einem furchtbaren Buche: *»Die Angeklagte hatte ein leidenschaftliches Verlangen nach Extremen, und man kann das, was ihr der Chef der Spionage während der ersten beiden Kriegsjahre schickte, auf mehr als fünfundsiebzigtausend Francs veranschlagen, was geradezu ungeheuer ist, wenn man bedenkt, dass die gewöhnlichen Agenten fast niemals mehr als tausend Francs erhielten.«* Diese letzten Worte sind richtig. Es ist allgemein bekannt, dass die Deutschen sich in Barcelona des Hauptmanns Estève von der französischen Kolonialarmee bedienten und ihm nur dreihundert Peseten monatlich bewilligten.

Wie dem auch sei, scheint es glaublich, dass Mata Hari sich während des Krieges für sechzigtausend Mark verkauft haben sollte, wenn sie in ihren Briefen vom Anfang des Jahres 1914 ganz deutlich die Absicht ausspricht, sich neue höchst wertvolle und teure Möbel zur Verschönerung ihres eigenen Hauses in Neuilly zu kaufen und einem Pariser Museum ein sehr kostbares Service aus altem Porzellan zum Geschenk anzubieten? Als Antwort auf solche Fragen zieht Massard, der in seiner frommen Ehrfurcht vor der entschiedenen Sache nicht den geringsten Zweifel an der Schuld der Tänzerin aufkommen lässt, eine geheimnisvolle Triebfeder heran. Er behauptet, schrecklich kindliche Beweggründe eines verletzten Stolzes hätten die Angeklagte zum Verbrechen geführt. »Vielleicht richtet der Stolz sie zugrunde«, sagt er wörtlich. »Die Künstlerin fand, dass die Franzosen sie nicht nach ihrem richtigen Werte schätzten. Der Ruf Isadora Duncans erregte ihre Eifersucht. Die Deutschen dagegen schmeichelten ihr und vergötterten sie. Daher ihre große Vorliebe für die Germanen, die vieles erklärt.« Offen gesagt, mir erscheinen diese psychologischen Erklärungen Massards bei Weitem nicht so klar wie ihm selbst. Als Künstlerin scheint Mata Hari tatsächlich mehr Eitelkeit als Stolz besessen zu haben. Ihre Briefe beweisen das; man findet darin nicht die Begeisterung, die eine Isadora Duncan schwärmen lässt, wenn sie das göttliche Geheimnis ihrer Kunst auseinandersetzt; man findet darin auch nicht das heitere olympische Vertrauen, das die Geständnisse der Loïe Fuller durchzieht und über die man bisweilen wohl spötteln, denen man aber schließlich die Achtung nicht versagen kann. Nein, für unsere exotische Tänzerin ist die Kunst zunächst die Rettungsbrücke, die zur Befreiung aus dem ehelichen Joch hinüberleitet, und dann nie etwas anderes als ein Mittel, die Aufmerksamkeit auf sich zu ziehen, sich im Glanz ihrer Schönheit zu zeigen, schließlich, die Männer zu verführen. Einem Freunde, der lange vor dem Kriege sie fragte, warum sie sich von der Kunst zurückgezogen, antwortete sie: »O, ich bin durchaus gerüstet, von Neuem zu tanzen und auf mein leichtes Leben zu verzichten, um wieder die Hoffnungen, die der Ruhm notwendigerweise anstachelt, zu schlürfen, aber ich möchte wenigstens, sozusagen urheberrechtlich geschützt sein und könnte nicht dulden, dass andere meine Ideen ausplündern.« Einem Komponisten, der ihr einen buddhistischen Tanz vorschlägt, schreibt sie: »*Ein Hindutempel mit der Göttin, das gefällt mir. Vor einem ähnlichen Hintergrunde begann ich im Museum der Religionen zu tanzen; meine Porträts hängen noch dort. Andere haben das nachgeahmt. Freilich kann mir das Vorrecht meiner Erfindung niemand rauben. Sie ist die einzige Art, den geweihten Tänzen einen wirklich entsprechenden Rahmen zu geben. Der Tempel kann so schimärisch sein, wie man will, denn ich, ich bin es ja auch.*« Weiter sagt sie, als sie ein Ballett bestellt, wie man ein Kleid bestellt, dem Musiker, der die Musik schreiben soll: »*Die geweihte Blume* soll die Legende einer Göttin sein, die die Macht hat, sich in einer der Blumen zu verkörpern, wie sie auf ihrem Altar als Opfergaben verbrannt werden. Der Prinz betritt das Heiligtum; er hält Orchideen in der Hand; er verbrennt sie; und aus dem Rauch löst sich die Göttin und tanzt. Ich muss die Orchidee sein, ganz aus Gold und Diamanten. Ich weiß, wie ich das machen muss. Paul braucht mir nur ein Zeichen zu geben, wenn er mich braucht: Ich werde bereit sein. Ich möchte, dass er mir die Partitur widmet. *Das fließende Wasser* soll das Vorspiel bilden, denn der Tempel liegt in einem Walde neben einem Wasserfall.« Ihre künstlerischen Einfälle sind alle von dieser Art: ungenau und kindlich, aber immer mit szenischen Möglichkeiten, die ihr erlauben, sich gleichsam nackt zu zeigen unter Schmuck, Gold, rhythmischen Linien und transparenten Hilfsmitteln. Die Furcht, sie könnte den religiösen Exotismus falsch auslegen, hemmt sie nicht im Geringsten bei der Ausarbeitung ihrer Pläne. Ihre Gelehrsamkeit ist unklar und ihre Kenntnis der Götterlehre reichlich dunkel. Man sieht, dass sie alles, was sie weiß, aus höchst bunter Lektüre gelernt hat mit der einzigen Absicht, alles zu persönlichen Zwecken auszunützen. »Paul«, schreibt sie ein andermal, »*muss in seiner Musik folgende drei Vorstellungen ausdrücken: Werdezeit, Wachstum, Blütezeit. Diese drei Entwicklungsstufen entsprechen den Kräften von Brahma, Vischnu und Shiva, das heißt der Schöpfung, Fruchtbarkeit, Zerstörung. Die Zerstörung ist in diesem Fall schöpferisch; daher kommt Shiva Brahma mindestens gleich, wenn er ihn nicht noch übertrifft. Aus der Zerstörung ins Werden und schließlich zur Schöpfung, das muss der Tanz ausdrücken.*« Das Thema der geweihten und sinnlichen Blume, die sich beim Hauch der mystischen Liebe verklärt, scheint sie nicht mehr loszulassen. Diese und eine Bronzestatue und ein Prinz, dessen hieratische Gesten das buddhistische Ritual heraufbeschwören, das sind ihr genügend Elemente, um sich daraus einen Rahmen zu machen für die Wirkungen ihrer Ambranacktheit. Diese Wirkungen ließen sie nicht im Stich; sie äußerten sich in Murmeln der Überraschung und Schauern der Wollust.

Das Einzige, das inmitten dieser krausen Gefühle immer eine klare Haltung zeigt, scheint nicht den Bucherinnerungen, sondern der Tiefe ihres Charakters zu entspringen: Und das ist der innerste Kern ihrer Philosophie. Wir zitieren wieder einen Brief an einen Freund. Da schreibt sie: »Du wirst sterben, wie alles stirbt; spürt man, dass der Tod naht, dann muss man in vollen Zügen die schönen und stolzen Augenblicke auskosten: Es ist mehr wert, auf Erden nur ein kurzes und angespanntes Leben zu verbringen, als sich bis in ein Alter ohne Schönheit hineinzuschleppen.« Offenbar also ist für die Tänzerin die Schönheit nicht das, was sie für die orientalischen Weisen ist, die auch von einem Dasein ohne Hinfälligkeit im Alter predigen; sie ist für sie weder ein geistiger Glanz noch eine reine, ideale, völlig in Anspruch nehmende Kunstbegeisterung; sondern einzig und allein das Zusammenspiel von Wille und Charme, wodurch sie sich ihren unmittelbaren Triumph, ihre persönliche Verführungsgabe sichert.

Geldgier, die Massard ihr zuschreibt, ist nicht ganz deutlich ersichtlich aus den authentischen Berichten über sie. Gegen alle, die in ihr einen Luxusgegenstand sahen und ihre Gunst zu erobern trachteten, war sie zweifellos so etwas wie ein Raubvogel; aber gleichzeitig darf man nicht außer Acht lassen, mit welcher Freigebigkeit sie denen, die ihr dienten, einen Teil ihrer Reichtümer spendete.

»Nehmt«, schien sie ihnen zu sagen, »nehmt und versucht von diesem Golde wegzuwischen, was ihm von Spuren der Schande etwa anhaftet.« Denn auf dem Grunde ihrer echt holländischen Seele, bei ihrer Wohlerzogenheit, Ehrfurcht vor der sozialen Rangordnung, Erpichtheit als Aristokratin genommen zu werden, muss ihr die wahre Quelle, woraus ihr Luxus floss, zweifellos recht anrüchig erschienen sein. Jemand, der sie genau kannte, legt ihr folgenden charakteristischen Monolog auf die Lippen: »Jetzt bin ich Königin ... Ich habe meinen Hof und meine Höflinge. Ginoceli mit seiner Hyänenschnauze und seiner Verrätermiene würde es sich nicht entgehen lassen, mich zu besuchen und säße ich eines Tages selbst in der Hölle. Und Cravard, der Millionär, wäre imstande, meinetwegen den lieben Gott zu verschachern! ... Und Lord Clavenmoore, äußerlich ebenso puritanisch, wie innerlich ein lockerer Zeisig! Ah! Ihre Juwelen und Blumen sind mir ein Gräuel! ... In der Schönheit steckt ein gut Teil Verruchtheit. Die Männer sind schrecklich. Die mich anbeten, macht ein Lächeln von mir rasend, sodass sie oft nahe daran sind, einander beinahe aufzufressen. Der Großfürst Basil, ein Nero, wenn er betrunken ist, oh, wie abscheulich! Und der Graf von G..., Intimus des Kaisers, Offizier der Garde, den braucht man nur essen zu sehen, dann weiß man alles! ... Oh, diese Ungeheuer! Ihre Schmeicheleien machen mich krank; ihre Zärtlichkeiten machen mich erstarren ...« Dass diese Äußerungen wirklich so gefallen sind, ist sehr wahrscheinlich; nur war Mata Hari viel zu eitel, sie vor ihren Freunden laut werden zu lassen: Statt zu tadeln, verhehlte sie; und um ihr Spiel zu verbergen, um nicht als käufliche Kurtisane dazustehen, sondern als Göttin, hatte sie sich ihre wunderliche Kunst bereitet und ihren geweihten Ursprung erfunden ...

Die Kunst und die Schönheit, ganz besonders die Schönheit, genügten von Anbeginn ihres freien Lebens mit dem Stempel der großen Abenteuerin, ihr eine beneidenswerte Lage zu sichern. Selbst Caroline Otero, die bis dahin allen nach dem Erbe ihres Szepters begierig Haschenden sich weit überlegen fühlte, sah, dass diese neue Herrscherin im Begriff war, sich Gebiete zu erobern, die weiter reichten, als die ihrigen. Und Mata Hari begnügte sich nicht wie Liane de Pougy, Emilienne d'Alençon, Rosario Guerrero, Odette Valery über einer Gruppe von Nachtschwärmern zu thronen, worin man Künstler und Bankiers, Aristokraten und Söhne vermögender Väter, aber kaum jemals eine Persönlichkeit von wirklicher innerer Bedeutung bemerkte. Mata Hari wollte höher hinaus und sie wusste, dass es ihr gelingen würde. Mata Haris Galane mussten Minister, Prinzen, Botschafter, Generale, Akademiker sein: Was sage ich? In ihrem orientalischen Boudoir zwischen einer Tanagrafigur und einem Buddha aus antiker Bronze standen in reichen Filigranrahmen die Fotografien zweier Monarchen. Mit ihren Widmungen bekennen sie sich als enthusiastische Bewunderer der großen Künstlerin.

Zwei Souveräne, jawohl: der eine starb vor ihr; der andere, ritterlich und edelmütig, bat persönlich den Präsidenten Poincaré um ihre Begnadigung. Und hier frage ich mich, ob jemand, mit diesem königlichen Schritt und seiner Erfolglosigkeit bekannt, noch zweifeln könne, dass die Tänzerin schuldig gewesen sei? Denn dass der Chef des französischen Staates der Bitte des Monarchen eines befreundeten Landes nicht willfahren zu können glaubte, ist der deutlichste Beweis für seine ganz feste Überzeugung, Mata Haris Verbrechen gehörten zu den unverzeihlichen.

– Jawohl, aber sie bleiben unerklärlich, diese Verbrechen – so höre ich meinen guten Freund Junoy murmeln.*

Fraglos sind sie unverzeihlich, besonders wenn man, wie der unversöhnliche Massard, die Triebfeder dafür im Eigennutz und im Trotz entdecken will. Für sechzigtausend Francs verschreibt eine Frau, zu deren Füßen Bankiers seufzen und Minister weinen, sich nicht der niedrigsten und gefährlichsten aller Beschäftigungen. Um kleinliche Rachegefühle, die mit ihrer Kunst zusammenhängen, zu befriedigen, setzt eine reiche, überall bewunderte Tänzerin nicht ihre Ehre und ihr Leben aufs Spiel. – Was also bleibt?

That is the question. Oder vielmehr, das ist das Geheimnis; um es zu ergründen, ist es vielleicht am besten, darüber nachzudenken, was es an Unklarem, Weiblichem, Unvernünftigem überhaupt gibt, was in den Augen eines ernsthaften Moralisten stets als literarische Phantasie gelten wird, was nur durch den Triumph der Eitelkeit und die Niederlage des Stolzes zu erklären ist, was uns schließlich immer und immer wieder zeigt, wie verworren, albern, schwach, sorglos, klein und blind das Menschenherz sein kann. Nicht sie trägt die Verantwortung, sondern der Egoismus der Männer, die die Frauen in den Abgrund stürzen. Sie wurde in erster Linie das Opfer ihres eigenen Prestiges. Die Deutschen wussten natürlich sehr wohl, welchen Vorteil sie aus ihren Beziehungen ziehen konnten, und so verführten sie diese Frau sehr geschickt mit kindlichen und unwiderstehlichen Schmeicheleien. »Sie sind die Einzige, die fähig ist zu verstehen ... Sie üben den größten Einfluss aus ... Sie wünschen den Frieden ... Sie fühlen die ganzen Schrecken des Krieges ... Sie könnten so mancher armen Familie Trauer, Tränen und viel Elend ersparen.« Und die schöne Dame in gutem Glauben, alle diese huldigenden Worte gelten ihr persönlich, ließ sich ins Netz der Spionage locken wie der Vogel auf den Leim. Hätte man ihr unumwunden irgendeine Summe angeboten, damit sie sich den Berliner Agenten zur Verfügung stelle, wäre dieses Ansinnen höchstwahrscheinlich als Beleidigung zurückgewiesen worden; aber die großen Organisatoren der verborgenen Kräfte waren höchst feine Psychologen, in allen Wassern des lichtscheuesten Diplomatenfaches gewaschen. Die Worte, die Dumur[4] dem deutschen Gesandten in Bern auf die Lippen legt, sind echt: »Was uns am meisten fehlt, sind geschickte und kluge Freunde mit überlegener Begabung und vornehmer Gesinnung und bereit, uns in Paris zu helfen, all diesen Gräueln ein Ende zu setzen. Die Franzosen sind in diesem Punkt passiv, und es wäre wichtig, ihnen das Verständnis dafür in ihrem eigenen Interesse beizubringen; wir, wir hassen niemand; wir wünschen einzig dem Ansturm von hundert gegen das Reich verbündeten Völkern nicht zu erliegen.« So wurde aus Arendsen bei Dumur[5] ein Kleingläubiger und wahrscheinlich aus Mata Hari eine Spionin.

Meine Hypothese erscheint vielleicht manchem ebenso schwach wie die Massards! Ich würde mich nicht darüber wundern. Von fern, durch Zeit und Raum betrachtet, haben die sittlichen Wechselfälle der europäischen Tragödie häufig ein unerklärliches Gesicht. Besonders bei allem, was auf die

---

4 Louis Dumur: Les Défaitistes.
5 Louis Dumur: Les Défaitistes.

Spionage Bezug hat, muss man die Atmosphäre der großen neutralen Städte berücksichtigen, Genf, Madrid, Amsterdam, wenn man ein Bild davon gewinnen will, wie unwahrscheinlich leicht die deutschen Agenten mehr oder minder selbstlose Mitarbeiter in allen sozialen Klassen fanden. »In dem durch den Krieg erregten Strudel war die Spionage etwas ganz Geläufiges; alle gaben sich ihr hin, einer spionierte den anderen aus!«[6] In den kosmopolitischen Zirkeln von Madrid, im Palace-Hotel, im Ritz-Hotel, war Spionage an der Tagesordnung. Schöne Abenteuerinnen, die ebenso gut französisch wie deutsch sprachen, genierten sich kaum, am helllichten Tage in die Botschaften einzudringen. »Eine Spionin!«, sagte man. Und man sagte das ohne Überraschung, ohne Abscheu. Eine riesige Nachsicht herrschte teils aus Skeptizismus, teils aus Gewohnheit, immer und überall dasselbe zu hören. Obendrein konnte man in gewissen Kreisen eine krankhafte und exaltierte Sympathie feststellen für die elenden Geschöpfe, die, mit falschen Pässen ausgerüstet, unter Lebensgefahr gingen und kamen, um nach den Blutbädern, Schiffbrüchen, Katastrophen die ausgesetzten Prämien zu gewinnen. Denn jeder Angriff der Unterseeboote, jeder Sturm auf die schwachen Punkte der Front waren die Folge von irgendeiner Mitteilung des Spionagedienstes. Die militärischen Leiter allein können die tragische Bedeutung eines in unseren Augen ganz nichtssagenden Details ermessen. Daher empfinden sie nichts von dem Mitleid, das uns packt, wenn wir unerbittliche Urteile fällen hören. Man merke sich, was im Mata Hari-Prozess einer der Richter zu Massard sagte: »Das war eine kategorische Antwort an die Person, die die Spionin H 21 zu retten versucht. Ich beglückwünsche Sie dazu. Worauf gründet dieser Mensch seine Verteidigung? Ich fühle mich zur sicheren Annahme der Schuld berechtigt nach den Beweisen, die ich in Händen gehabt habe, und nach den eigenen Geständnissen dieser verworfenen Spionin, die vielleicht mehr als fünfzigtausend

---

6 Louis Dumur: Les Défaitistes.

der Unsrigen im Felde fallen ließ, die nicht gerechnet, die infolge ihrer Angaben auf dem Meere umkamen.« Dieser hasserfüllte Ton, der alle ehrlichen Zweifler leider nicht entwaffnen kann, überrascht und erschüttert. Aber das liegt wahrscheinlich daran, dass wir uns unmöglich in die Seele dieser harten Soldaten versetzen können, die vier Jahre lang gepeinigt lebten, nicht nur durch die Kugeln der feindlichen Front, sondern auch durch die Dolche, die sie drohend im Rücken fühlten. »Diese verächtlichen und blutdürstigen Geschöpfe«, sagt der Ankläger im Prozess Mata Hari, »diese Verworfenen, die im Dunkel das Blutbad vorbereiten und sich ihrer Schönheit bedienen, um das Zerstörungswerk unserer Feinde zu fördern, verdienen nur den Tod; das sind teuflische Kreaturen und Megären.« Als diese Worte gesprochen wurden, wird die Tänzerin sicher am meisten entsetzt gewesen sein, und zwar deshalb, weil in ihr, ebenso wie in den meisten berufsmäßigen Spionen zu solchen Leidenszeiten, eine Art Gewissenlosigkeit herrschte, die ihr nicht erlaubte, die unheilvolle Tragweite ihres Tuns richtig abzuschätzen. Ihrer krankhaften und perversen Neugierde ist das Ausforschen der Heldenseelen, die, zwischen zwei Schlachten, in ihrem Schlafzimmer ein wenig Vergessen suchten, nur ein ihrer Eitelkeit und ihrem Abenteuerinstinkt höchst willkommenes Spiel gewesen. Sie blieb unfähig, die Folgen ihrer Handlungsweise zu ermessen. Es schmeichelte ihr zweifellos, dass die Leiter des deutschen Spionagedienstes in Madrid ihr sagten, sie wäre die einzige Frau, die wichtige französische Persönlichkeiten zwingen könnte, ihre Dienstgeheimnisse preiszugeben. Es gefiel sicher ihrer Eigenliebe, wenn ihrer Schönheit zugestanden wurde, die verwegensten Krieger in girrende Seladons zu verwandeln, die ihr dann, ohne sich Rechenschaft darüber abzulegen, ganze Provinzen verrieten. Sehr stolz war sie darauf, dass sie es verstand, ihre Manöver allen zu verbergen. Hätte aber eine ernste Stimme, unmittelbar nachdem ein Fliegerkadett oder ein Minister-Naivling sie verlassen, ihr ins Ohr geraunt, wie viel Schmerzen, Tränen und Trauer sie durch Preisgabe der erlisteten Geheimnisse heraufbeschwor, sie würde ihr Verhalten sicher abscheulich gefunden haben. Mehr noch: Hätte sie ihre Verbrechen nackt vor sich sehen können, ihre Bestürzung wäre sicher unermesslich groß und schmerzlich gewesen. Um das zu verstehen, möge man sich der Zeugenaussagen erinnern, die ihre Dienerschaft gemacht hat. »Sie war sehr gut, sehr freigebig, sehr mildtätig, sie hatte für das Unglück anderer stets ein Herz.« So lauten die Worte dieser Leute. Und ihre Geliebten, selbst wenn sie Opfer ihres intimen Betruges geworden sind, müssen anerkennen, dass sie eine kühne, vornehme Frau war, allerdings von ungestümem Charakter und wechselnder Laune, aber stets fähig zu Liebe und Wohlwollen.

* Der spanische Senator Junoy, einer der besten Freunde Mata Haris, hat immer an ihre Unschuld geglaubt. »Sie werden sehen«, sagte er mir vor etwa vier oder fünf Jahren (1920), »Sie werden sehen, Frankreich, das einzige Land mit einem nationalen Gewissen, wird schließlich die Revision des Mata Hari-Prozesses fordern, wie es das auch im Fall Dreyfus getan hat.« Damals konnte ich über diese Worte nur lächeln, weil ich fühlte, dass der größte Teil der Franzosen von der Schuld Mata Haris überzeugt sei. Jetzt frage ich mich aber, ob Junoy nicht doch ein wirklicher Prophet gewesen ist, als er so zu mir sprach. Tatsächlich bringt das *Petit Journal*, also eine der verbreitetsten Zeitungen in Paris, unter dem 16. Juli 1925 einen von Marcel Nadaud und André Fage unterzeichneten Artikel, worin ich folgende Zeilen finde:
Memoirenschreiber und Publizisten, wie z. B. Massard in seiner Broschüre ›Les Espionnes à Paris‹, glaubten, durch Dokumente den sicheren Beweis für ihre Schuld belegen zu können. Für jeden unparteiischen Forscher jedoch bleibt diese Frage offen.«
In den Augen sehr vieler eine unheilvolle Spionin, darf man jedoch nicht vergessen und übersehen, dass sie bei Lebzeiten hartnäckige Verteidiger hatte, und das waren Leute von höchster Bildung und Verstand. Heute ist sie nur noch eine Erinnerung, nachdem ihr Leib den Studenten der Medizin als wissenschaftliches Objekt auf den Anatomietisch gelegt wurde. Aber ihr Gedächtnis ist noch lebendig in vielen treuen Freundschaften.

»Selbstverständlich kämpfte die Verteidigung tapfer für einen guten Ausgang.«
Nach der warmen Verteidigungsrede Clunets schien es einen Augenblick lang als wäre die Tänzerin tatsächlich wenigstens von dem Hauptanklagepunkt entlastet. Aber dem war nicht so. Und da sieben Offiziere sie ver-

urteilt haben, müssten wir uns eigentlich ohne Vorbehalt diesem Soldatenwahrspruch beugen.

»Leider befällt uns jedoch ein arges Misstrauen gegen die Atmosphäre, worin die Verhandlungen geführt wurden. Wenn der Feind so dicht vor der Hauptstadt steht, wenn die Spionage unumschränkt herrscht, wenn man, um nicht als Miesmacher zu erscheinen, seinen Kopf sogar dem einfachsten kritischen Verständnis verschließt, ist man wohl berechtigt, sich zu fragen, ob der Gerichtshof seine völlige Unabhängigkeit und unentbehrliche Erhabenheit hat wahren können.
Wie viel Urteile des Kriegsgerichts mussten seitdem verworfen werden! Wie Viele mussten für unschuldig erklärt werden, nachdem man sie der scheußlichsten Verbrechen beschuldigt hatte: Fahnenflucht, Verrat, im Stich lassen des Wachtpostens, Spionage.
Gewiss, man kann niemand geradezu anklagen. Der Krieg allein ist der Schuldige. Er führte bisweilen das Schwert der Gerechtigkeit mit unbesonnener Eile in Dunkelheit. Heute jedoch, im Frieden, in der wiedergefundenen Ordnung gibt es kaum eine strengere Pflicht, als die Revision der Urteile, auf denen der Nimbus des Geheimnisses zurückgeblieben ist, als vor aller Welt die Aktenstöße der Prozesse auszubreiten, auf denen noch der schwere Schatten des Zweifels ruht.
Gestern unterbreiteten wir unsere Befürchtungen einem jener Justizbeamten, die im Prozess gegen Mata Hari fungierten. Er antwortete uns:
›Sie wissen nicht alles … Es gab da geheime Urkunden, die geradezu niederschmetternd waren …‹
Aber acht Jahre nachher ist das Geheimnis nicht mehr unerlässlich. Zur Beruhigung unseres Gewissens und auch zur erfolgreichen Beseitigung des fremden Feldzugs gegen diesen Prozess, aus dem man letzten Endes Mata Hari als eine Miss Cavel, als eine Märtyrerin herausführen möchte, beanspruchen wir im Namen aller wahrheitsliebenden Franzosen die Veröffentlichung dieser Dokumente.«

VOR DEM KRIEGSGERICHT

Im 35. Lebensjahr

Fast zehn Jahre sind schon verflossen seit dem Herbstmorgen, wo Mata Hari höhnisch lächelnd und stolz ihre Schritte zum Festungsgraben des Schlosses zu Vincennes lenkte ...
Und doch, weit entfernt unterzugehen in der Reihe der im Kriege verurteilten Spioninnen, die heute nicht mehr sind, als ein Zug schwanker Schatten, nimmt ihre Gestalt mit je-

dem Tag immer deutlichere Umrisse an. Man veröffentlicht Romane über ihr Leben; man schreibt Dramen auf ihren Tod; man erörtert leidenschaftlich die Phasen ihres Prozesses; man erfindet Legenden, um ihre Geschichte noch verwickelter zu machen. Geschieht das alles nur, weil es sich um eine schöne Frau und Künstlerin handelt? ... Aber die Tichelly, Otilia Moss, Margarethe Schmidt und andere, die ihr auf dem Weg ins Gefängnis vorausgingen oder folgten, waren auch schöne Frauen. Oder geschieht es, weil sie mit selten frohem Mut in den Tod ging? Aber die Francillard war nicht weniger mutig ... Oder weil ihr Liebesleben und ihre gesellschaftlichen Intrigen höchst romanhaft waren? Doch darin übertraf sie ihre leidenschaftlichere Freundin Maroussia Destrelles um ein gut Teil. Dennoch, wer erinnert sich noch der vielen unglücklichen Hauptpersonen in der langen, langen gerichtlichen Tragödie? Für Mata Hari dagegen interessiert sich die ganze Welt. Mata Hari wird nach und nach ein Symbol; Mata Hari ist der Gegenstand eines Kultus. Warum? Wahrscheinlich, weil auf ihrem Leben und auf ihrem Tode ein undurchdringliches Geheimnis ruht.

Alles ist dunkel, alles ist verworren, alles ist rätselhaft in ihrem Tun. Aber diesmal spiele ich nicht darauf an, was Romanschriftsteller und Theaterdichter uns über ihre Abenteuer erzählen, sondern auf die Enthüllungen des offiziellen Berichts nach dem Verhör vor dem Kriegsgericht. Denn ein solcher Bericht existiert. Er ist jüngst in gedrängter Form abgefasst worden von Massard, der 1917 die Funktionen eines Stadtkommandanten von Paris ausübte. Das Dokument beginnt so:

»Empfängt man den Befehl, an einem Mann oder einer Frau das Todesurteil vollstrecken zu lassen, so verursacht das stets ein unangenehmes Gefühl. Der auf Mata Hari lautende Befehl erregt mich aber nicht übermäßig. Ich hatte zwei geheimen Verhören vor dem Kriegsgericht beigewohnt und wusste wie und warum die berühmte Tänzerin verurteilt worden war. Den Vorsitz des dritten Kriegsgerichts führte der vornehme Oberst Semprou, der ehemalige Chef der republikanischen Garde. Dieses Kriegsgericht hatte

seinen Sitz im großen Schwurgerichtssaal im Palais de Justice. Und zwar bei strengstem Ausschluss der Öffentlichkeit. Niemand, absolut niemand konnte in den Saal dringen, ich war der einzige Offizier mit einer Ermächtigung, den Verhandlungen beizuwohnen. Die Schildwachen sperrten die Türen bis auf eine Entfernung von zehn Metern ab und kein Geräusch von außen, auch keine Beeinflussung war imstande, die Ruhe und Würde dieser militärischen Gerichtsbarkeit zu stören, so furchtbar dem Aussehen nach, so zurückhaltend und unparteiisch im Grunde. Bevor wir beginnen, möchten wir ausdrücklich bemerken, dass, wenn wir Einzelheiten, und zwar ganz genaue, über den Gegenstand, Komödie und Tragödie, worin Mata Hari in vorderster Reihe mitgespielt hat, angeben, es uns doch unmöglich sein wird, alles zu sagen, weil es da noch Dinge gibt, die nicht in die Öffentlichkeit gehören, und weil es nicht angeht, die Namen aller zu verraten, die in das Leben der Tänzerin verwickelt gewesen sind. Aber wie ich bereits zu Anfang dieser Schrift gesagt habe, die Wahrheit wird darum nicht minder enthüllt und ganz nackt vorgeführt werden, wie ja auch die Tänzerin selbst sich gern so zeigte.«

Die von Massard vorgeführte Wahrheit, nackt? – Sagen wir lieber: verstümmelt. Als echter Soldat scheint er nur plumpe Tatsachen zu wägen, die psychologischen Nuancen, die, wenn es sich um das Belauschen und Ergründen tragisch veranlagter Seelengebilde handelt, vom Moralisten mit allergrößtem Interesse beobachtet werden müssen, schiebt er als zu flüchtig, zu dünn verächtlich beiseite. So sind für ihn das Künstlerleben der Angeklagten, ihre Liebesabenteuer, ihre Herkunft, ihre geistige Veranlagung keine Vorpunkte, die einer langen Prüfung wert wären. Die eigentlichen Triebfedern, die die Verbrechen veranlasst haben können, fesseln kaum seine Aufmerksamkeit. »In Anbetracht dessen, dass diese Frau von den Deutschen Geld empfangen hatte«, wiederholt er unaufhörlich, »ist es unangebracht, die Motive ihrer Vergehen anderswo zu suchen.« Wir sollen sie, das ist sein größter Wunsch, auf der Anklagebank nur mit seinen Augen sehen. In Wahrheit ist es ihm, trotz seines rühmlichen Wunsches, sich durch keine Leidenschaft hinreißen zu lassen, unmöglich, seine Verachtung und seinen Widerwillen zu verbergen. Für ihn ist die Angeklagte nur eine hassenswerte Spionin bar jeder anständigen Regung. Und doch findet man in seinem eigenen Bericht Beweise dafür, dass alle, die der berüchtigten Tänzerin zarte und selbstlose Gefühle zuschreiben, uns nicht täuschen. »Man hatte bei Mata Hari«, sagt Massard, »viele Briefe von Offizieren, Fliegern und hervorragenden Pariser Persönlichkeiten gefunden. Einen hatte ein Kriegsminister geschrieben ... Der Brief, der zu den Akten gehörte, sprach von Tagesneuigkeiten und sehr intimen Dingen. Der Präsident hatte stehend begonnen, ihn zu lesen ... Plötzlich erhob sich Mata und sagte: ›Lesen Sie nicht diesen Brief, Herr Oberst.‹

›Ich muss das tun.‹

›Dann unterdrücken Sie die Unterschrift.‹

›Warum?‹

›Weil‹, versetzte Mata, ›der Unterzeichnete verheiratet ist und ich nicht die Ursache eines Dramas in einer anständigen Familie sein möchte.‹«

Massard gibt zu, Oberst Semprou habe vor dieser aufrichtigen Bitte eine Minute lang ergriffen gestutzt. Er freilich begnügt sich damit, ironisch zu lächeln und knüpft den Faden seines Berichts sofort wieder an. Eine grausige Kälte strömt aus diesem Bericht:

»›Am Tage der Kriegserklärung‹, sagt der Präsident zur Angeklagten, ›haben Sie mit dem Polizeipräsidenten von Berlin gefrühstückt und ihn dann in seinem Wagen begleitet, umgeben von der tobenden Menge.‹

›Das ist wahr‹, antwortet Mata Hari. ›Ich hatte den Polizeipräsidenten in einem Varieté, wo ich tanzte, kennengelernt. In Deutschland hat die Polizei das Recht, die Kostüme der Künstlerinnen zu prüfen. Man hatte in den Zeitungen geschrieben, ich erschiene fast völlig nackt und der Präsident wollte infolgedessen meine Aufmachung selbst sehen. So traten wir in Beziehungen zueinander.‹

›Sehr richtig. Kurz darauf beauftragte Sie der Chef der deutschen Spionage mit einer vertraulichen Mission und schickte Ihnen dreißigtausend Mark.‹

›Das ist wahr, was die Person und die Summe betrifft. Dieser hohe Beamte schickte mir genau dreißigtausend Mark, aber nicht als Bezahlung für Dienste der von Ihnen genannten Art, sondern als Lohn für meine Hingabe. Der Chef der deutschen Spionage war mein Geliebter.‹

›Das war uns nicht unbekannt, aber diese Summe erscheint uns als ein übliches Geschenk für empfangene Liebe, offen gesagt, maßlos hoch.‹

›Mir nicht. Niemals gab mir jemand weniger.‹

›Um so besser ... Von Berlin kamen Sie nach Paris, und zwar auf dem Wege über Belgien, Holland und England. Was für ein Zweck führte Sie nach Paris?‹

›Ich wollte vor allem meinen Umzug aus der Villa in Neuilly überwachen.‹

›Unmittelbar darauf weilten Sie, unter dem Vorwand in einem Feldlazarett helfen zu wollen, sieben Monate lang in der Kampfzone.‹«

›Jawohl, in Vittel, wo ich aber nicht Krankenschwester im Lazarett war. Ich wollte dort einen russischen Soldaten pflegen, den Rittmeister Marow, der im Kriege erblindete. Ich suchte am Schmerzenslager eines Unglücklichen, den ich liebte, Sühne für mein sündhaftes Leben.«

An dieser Stelle seines Berichts muss Massard sich vor der Tatsache beugen und anerkennen, dass die Polizeiberichte melden, die perverse Bajadere, die herzlose Kurtisane, die Frau, die eingestandenermaßen ihre bisherigen Gunstbezeugungen einen Luxusartikel für vernarrte Millionäre genannt hat, habe in ihren Beziehungen zu dem vom Schicksal geschlagenen moskowitischen Krieger eine mustergültige Zärtlichkeit an den Tag gelegt. »Sie pflegte ihn hingebend«, sagte er, »und versah ihn sogar mit Geldmitteln.« Eine flüchtige Laune? O nein. Nachdem sie lange bei ihm geweilt, hörte sie nicht auf, ihm zu schreiben, weder im Gefängnis noch selbst am Rande ihres Grabes. Später werden wir sehen, wie sie tatsächlich beim Verlassen ihrer Zelle in Saint-Lazare, in ihrer letzten Stunde, wo in den Festungsgräben des Schlosses von Vincennes die Gewehre des Exekutionspelotons sie erwarten, nur ein Einziges sie beschäftigt, und das ist die Erlaubnis, ein letztes Abschiedswort dem geliebten Wesen schreiben zu dürfen.

Ein in Paris sehr bekannter russischer Diplomat, Graf Ignatief, gedenkt, sagt man, später intime Aufzeichnungen des Rittmeisters Marow zu veröffentlichen, um zu zeigen, dass dieser Mann, heute in einem Spital oder Kloster der Welt entrückt, nie aufgehört hat, an die Unschuld derjenigen zu glauben, die für ihn ein Engel war. Das weiß Massard wohl sehr genau, denn er spricht in seinem Buch von jenen, die betört oder verblendet hartnäckig die Schuld Mata Haris bezweifeln. »Solche Zweifel«, versichert er, »sind gänzlich unbegründet; wir werden das im weiteren Verlauf sehen.«

Einer der moralischen Beweise, auf die sich die Ankläger Mata Haris berufen, ist ihr stets lebhaft geäußerter Wunsch, in engste Verbindung mit Vertretern des Soldatenstandes zu gelangen. Sie selbst bekennt sich zu diesem Wunsch, als sie im Verlauf der Verhandlungen dem Vorsitzenden des Kriegsgerichts antwortet:

»Männer, die nicht der Armee angehörten, haben mich nie interessiert. Mein Gatte war Hauptmann. Der Offizier ist in meinen Augen ein höheres Wesen, ein Mann, der beständig ein Heldenleben führt, immer gerüstet gegen alle Abenteuer, gegen alle Gefahren. Verliebte ich mich, – dann immer in tapfere und zuvorkommende Männer des Heeres, ohne mich darum zu kümmern, welchem Lande sie angehörten, denn für mich bilden die Krieger nun einmal eine besondere Art hoch über allen anderen Menschen.«

Als der Präsident des Kriegsgerichts, der in den Verhandlungen als einfacher und rechtschaffener Soldat auftritt, unfähig eines vorgefassten Hasses, Widerwillens, Vorurteils, diese Worte hört, murmelt er:

»Tatsache ist, dass man Sie seit Ihrer Ankunft in Paris nur in Gesellschaft von Militärs sah. Besonders die Flieger schienen es Ihnen in hohem Maße angetan zu haben. Auch diese suchten Sie, schmeichelten, machten Ihnen den Hof. Wie gelang es Ihnen, den Fliegern, ohne dass diese sich über ihr Verhalten Rechenschaft ablegten, die Geheimnisse, die sie zu wahren hatten, zu entreißen? Das könnten uns wohl nur die Wände Ihres Schlafzimmers verraten ... Aber es ist ja erwiesen, dass Sie dem Feinde die Punkte bezeichnet haben, wo unsere Flugzeuge die Beobachtungsposten aufstellten zur Überwachung der Front beim Vorrücken. Auf diese Weise haben Sie eine große Zahl unserer Soldaten in den Tod geschickt.«

»Ich leugne es nicht«, antwortet sie, als ich im Feldlazarett war, mit dem Chef der deutschen Spionage, damals in Holland, fortgesetzt korrespondiert zu haben. Ich kann doch nichts dafür, dass er diese Funktion ausübte. Aber niemals habe ich mit ihm vom Kriege gesprochen, ihm auch nichts darauf Bezügliches berichtet.« Mata Hari gerät bis jetzt nicht aus der Fassung, trotz der Schwere der Anschuldigungen, die man ihr aufbürdet. Ihre Ruhe wirkt auf die Anwesenden verwirrend. Nicht das geringste Zittern in ihrer Stimme, nicht die leiseste Blässe auf ihrem Gesicht. Kerzengerade, sogar ein wenig schroff, steht sie da und scheint bisweilen sich gedemütigt zu fühlen durch den Ton des Anklägers, wenn er indiskrete Fragen an sie richtet. Der hartnäckige Zweifel ihrer Richter, sobald es sich um Summen handelt, die sie nicht als Spionengehalt, sondern als Preis für ihre Hingabe empfangen haben will, versetzt sie in Erregung. Dann werden ihre Blicke für Sekunden hart, hasserfüllt, verachtend. Ihre Gesten nehmen eine theatralische Grobheit an. »Alles ist studiert, erklügelt!«, haben die gemurmelt, die sie in solch tragischen Augenblicken sahen. Prüft man aber die Szene aufmerksam, so ergibt sich, dass ihr Verhalten durchaus natürlich ist. So ist sie. Hat sie auch nur eine Ahnung von dem, was ihrer harrt, was ihrer harren könnte, von der Gefahr, in der sie steht? Zu Beginn wenigstens muss man unbedingt glauben: nein. Dieses geringschätzige Lächeln, womit sie mehrere Punkte der Anklagerede anhört, dieser Hochmut, womit sie den Ankläger unterbricht, diese Koketterie, womit sie die Falten ihres Rockes fallen lässt, wenn sie sich auf die Anklagebank setzt, dieser ganze Apparat, der den Kommandanten Massard außer Rand und Band geraten lässt und die Mitglieder des Kriegsgerichts vielleicht gegen sie verstimmt, ist die in dieser Situation unwiderstehlich hervorbrechende Offenbarung einer zweiten Natur, geboren in der Glut gesellschaftlicher Huldigungen. Standes-Berufsgewohnheiten, oder wie man's sonst nennt, werden schließlich krankhaft bei allen, die durch Lobhudelei und wachsenden Beifall eines Tages glauben, sie wären Gott weiß was für ein höheres Wesen.

Jedenfalls gibt auch Massard zu, Mata Haris Haltung vor ihren Richtern zeigte vollendete Eleganz und natürliche Anmut: »Sehr groß«, sagt er, »schlank, das Gesicht ein wenig lang und schmal, hatte sie zeitweise eine herbe und unangenehme Miene, trotz ihren schönen stahlblauen Augen und regelmäßigen Zügen. In ihrem dunkelblauen Kleide mit spitzem, sehr tiefem Ausschnitt, ihrem dreigespitzten, kokett militärisch sitzenden Hut entbehrte sie nicht der Eleganz, aber sie war völlig bar jeder Grazie, was bei einer Tänzerin einigermaßen überraschen muss. Sie war so deutsch von Gestalt und Herz ... Was Eindruck machte, war ihr entschlossener Gesichtsausdruck und ihre starke Intelligenz, wovon sie in jedem Augenblick Proben gab.«

Diese energische und zugleich feine Intelligenz zeigte sich tatsächlich in allen ihren Antworten. Wenn im Verlauf des Verhörs Oberst Semprou ihr sagt: »Nehmen wir an, Sie ahnten nichts von der Bedeutung dessen, was Sie schrieben; aber Sie wussten doch ganz genau, an wen Sie Ihre Briefe richteten«, begreift sie, dass sie eingestehen muss, was nicht von der Hand zu weisen ist, damit sie die schlimmen Konsequenzen daraus in Abrede stellen kann. Dann vergleicht sie sich in zynischem Ton mit Messalina und verkündet, ihre Liebschaften vor ihrer Begegnung mit Rittmeister Marow wären durch die Bank Geschäfte gewesen, nichts als Geschäfte, und zwar mit einer sehr hohen Taxe. Und als man ihr zu bedenken gibt, bei solchen Grundsätzen müsse ihr beständiger Wunsch, Offiziere und Politiker zu umgarnen, doch einigermaßen überraschen, und daran die Frage knüpft, warum sie statt dessen nicht lieber Jagd auf Bankiers und Millionäre gemacht habe, versichert sie lächelnd und schlagfertig, die reichsten wären nicht immer die freigebigsten. Und fügt auch hier wieder hinzu: »Wie man die Dinge auch betrachtet, die Offiziere stehen nun einmal über allen anderen Menschen« ...

Das ist ihr ewiger Refrain. Wollte sie damit etwa auf eine galante Art eine Erklärung geben für ihr Verhalten in den verschiedenen Ländern, wo man sie immer in Gesellschaft von Offizieren gesehen hatte? Oder müssen wir darin die naive Absicht erblicken, den Mitgliedern des Kriegsgerichts zu schmeicheln? Doch darauf kommt es hier nicht an. Beschränkte Verdächtigungen aufgrund dieses Enthusiasmus für die Uniform bilden keine Schuldbeweise. Mehr noch: Eine Frau kann tatsächlich einen Verbrecher lieben, ohne dass sie selbst aufhört, unschuldig zu bleiben. Oberst Semprou zeigte sich auch weder ironisch noch hart, als er die Erklärungen der Angeklagten anhörte. Schließlich kommt aber ein Moment, wo sie ausbricht:

»Kurtisane, jawohl, das gebe ich zu ... Spionin niemals!«

Darauf sagt der Präsident ganz ruhig, ohne die Stimme zu erheben: – »Hier in Paris, und zwar in einer bestimmten Lage, als Sie sich überwacht, vielleicht schon verloren fühlten, verfielen Sie darauf, Ihre Dienste dem Chef der französischen Spionage anzubieten.«

Diesmal wird die Tänzerin bleich und schweigt. In den Augen des Gerichtshofs ist das Anerbieten, Frankreich zu dienen, natürlich kein Vergehen. Eine andere minder kluge Frau hätte sich beeilt, zuzupacken, um mithilfe dieses Zweiges einen Rettungsversuch zu unternehmen. Sie dagegen weiß genau, dass ihr ganzes Verteidigungssystem von den Antworten abhängt, die sie zu machen hat. Wie besäße sie eine Erklärung für den Dünkel ihrer beleidigten Künstler- und Kurtisanennatur, wenn es ihr unmöglich bliebe zu verneinen, dass sie ein niederträchtiges Gewerbe treiben könne. Ja, eine Französin hätte die Zuflucht gehabt, einen Unterschied aufstellen zu können zwischen dem Dienst, und möge er noch so unwürdig sein, zugunsten des Vaterlandes und dem doppelt ehrlosen zugunsten des Feindes. Aber die Angeklagte ist keine Französin; sie ist nicht einmal eine jener Fremden, die ständig in Paris wohnen und sich schließlich ganz französisch fühlen, wie so viele, die in den Feldlazaretten Dienste taten und denen Frankreich eine zweite Heimat und oft sogar die wahre Heimat ihres Herzens geworden ist. Nein. Mata Hari ist ganz und gar Kosmopolitin; sie empfindet für dieses oder jenes Land weder Hass noch Vorliebe. Sie fühlt sich in Madrid ebenso wohl wie in Berlin, in Rom wie in London. Sie hat sich schon selbst dazu bekannt, als sie von ihrer neutralen Seele sprach und von ihrer Schwäche für die Soldatenuniform ohne Unterschied der Nationalität.

»Ist das wahr?«, fragt der Präsident.

»Jawohl, das ist wahr; aber man muss berücksichtigen, dass ich zu jener Zeit ohne Geld war. Das ist der einzige Grund, der mich trieb, Ihrem Lande meine Dienste anzubieten.«

Von allen Beweisen für die Schuld der Bajadere, die für Massard unwiderlegbar sind, erscheint mir ein einziger wirklich bedeutend, und das ist, ich gestehe es, dieser. Für alle übrigen, schwerwiegenden, heiklen Fragen findet Mata Hari eine Erklärung. Ihre Beziehungen zum Chef der deutschen Spionage? Liebeleien, nichts als Liebeleien. Das von einer Botschaft erhaltene Geld? Eine Bezahlung für sie als Geliebte. Die Richter können das albern finden. Darauf kommt es wenig an. Solange ein Zweifel besteht, muss das der Angeklagten nur nützen. Aber diesmal, diesmal allein, ist kein Zweifel mehr möglich: Mata Hari gesteht, dass sie eine Spionin war. Ob auf Rechnung Frankreichs oder auf Rechnung Deutschlands, dieser Unterschied ist für eine Holländerin, moralisch genommen, gleich null. Von dieser schrecklichen Minute an wird uns Massard weniger grausam, weniger parteiisch erscheinen.

Sehr höflich, gleichsam im Tone der Entschuldigung, dass er an eine Dame so fatal zudringliche Fragen zu richten habe, setzt Oberst Semprou das Verhör fort:

»Auf welche Weise gedachten Sie sich Frankreich nützlich zu machen?«

»Durch Ausnützung meiner Beziehungen zugunsten dieses Landes«, antwortet Mata Hari. »So habe ich bereits bald nach Beginn der Feindseligkeiten dem Leiter der zweiten Abteilung im Generalstab die genauen Punkte an der marokkanischen Küste genannt, wo die deutschen Unterseeboote Waffen ausluden; das schien mir wichtig.«

»Sehr interessant, tatsächlich«, murmelt der Oberst Mornay, dem es bisher nicht immer gelang, seine Ungeduld und seine schlechte Laune zu zügeln. Dann fährt er mit erhobener Stimme fort:

»Die Punkte, die Sie nannten, konnten Sie nicht kennen, ohne mit den Deutschen in Verbindung zu sein.«

Verwirrt versucht die Tänzerin das Unerklärliche damit zu erklären, dass sie versichert, die Kenntnis der besagten Punkte hätte sie vom Hörensagen auf einem Diplomatenbankett bei einem großen Fest, sie erinnere sich nicht mehr wo.

»Schließlich, sagt sie, »bin ich nicht Französin, ich habe keine Gewissenspflicht gegen dieses Land … Meine Dienste waren nützliche Dienste; das ist alles, was ich zu erklären habe … Ich bin nur ein armes Weib, gehetzt von wenig artigen Offizieren, die mich gern durch ein Geständnis nie begangener Vergehen aus meinem Munde verderben möchten.« Und mit schneidender Stimme, verzerrten Lippen schreit sie und deutet auf Mornay. »Dieser Mensch ist ein Schuft!«

»Mäßigen Sie sich«, sagt der Präsident, »und erlauben Sie mir, wieder davon zu sprechen, was sich zu jener Zeit begab, wo Sie plötzlich freiwillig Ihre Dienste der französischen Spionage anboten. Als Hauptmann Ledoux Sie fragte, was Sie tun könnten, erboten Sie sich als Holländerin nach Belgien zu gehen, um unseren Agenten dort Instruktionen zu überbringen. Der Hauptmann gab Ihnen einen verschlossenen Brief für einen unserer Agenten, und Sie schifften sich angeblich nach England ein. Von dort sollten Sie zunächst nach Holland und von dort so schnell als möglich nach Belgien reisen. Aber Sie gingen weder nach Holland noch nach Belgien, sondern schnurstracks nach Spanien. Das hinderte Sie jedoch nicht, von dem Brief, den man Ihnen anvertraut hatte, Gebrauch zu machen. Erinnern Sie sich auf welche Weise?«

Die Angeklagte schweigt.

»Wissen Sie nicht mehr, was Sie mit dem Brief gemacht haben?«

»Nein«, antwortete die Angeklagte tonlos.

»Also, drei Wochen nach Ihrer Abreise von Paris wurde dieser Agent, dessen Namen Sie ausgeplaudert hatten, von den Deutschen in Brüssel füsiliert.«

An diesem Punkt des Prozesses angekommen, zeigt uns Massard mit den Folgerungen einer starren Logik, dass wir uns vor einem greifbaren Beweis für die Schuld der Bajadere befänden. Tatsächlich unterstreichen ihr Stammeln, ihr Schweigen, ihr plötzliches Auffahren und ihre eigenen Zugeständnisse ihre Vergehen.

Und doch gibt es auch hier etwas, das uns noch im Zweifel und in völligem Geheimnis lässt. Diese Frau, bedenken wir das wohl, leugnet nicht, ihre Dienste der französischen Spionage angeboten zu haben. Was mehr ist: Sie steigt bis zu verbrecherischer Bestechlichkeit herab und beruft sich nur auf Geldsorgen als einzige Entschuldigung dafür. Aber das Wahrscheinlichere ist, dass sie sich weder aus Bedrängnis noch aus Habgier, sondern aus Furcht dem Hauptmann Ledoux angeboten hat. Oberst Semprou selbst sagt ausdrücklich, dass sich die Tänzerin, beunruhigt durch den Verdacht der Pariser Polizei in den Generalstab als das einzige für ihre Rettung geeignete Asyl geflüchtet habe. Einmal angeworben, erbittet sie nichts anderes als eine Mission, die ihr erlaubt, Frankreich zu verlassen. Man gibt sie ihr; und nachdem sie ein paar Wochen in London verbracht, reist sie nach Madrid. Was macht sie dort? Momay antwortet: »Spionage!« Gut; lassen wir diese Ansicht der Anklage gelten. Wie aber soll man es sich erklären, dass die Unglückselige nach kurzem Aufenthalt in Madrid daran denkt, nach Paris zurückzukehren? Ja, wenn es sich um jemand handelte, der nicht wüsste, was er tut, der unfähig wäre zu denken, der keinen Verstand besäße, dann könnte man allenfalls annehmen, sie hätte, von einem hinterlistigen französischen Polizeiagenten etwa ins Garn gelockt, sich entschlossen, die Grenze zu überschreiten, im Glauben, sie würde über die Hinrichtung in Brüssel schon leicht eine Ausrede finden. Aber, im Gegenteil, es ist erwiesen, dass sie trotz der Warnungen von aller Welt nach Paris zurückkehrt, ganz allein, mit ihrem richtigen Pass.

Ich zitiere jetzt einen Brief, der sich mit diesen Dingen beschäftigt. Herr de With, der holländische Konsul in Nizza, während der letzten Kriegsjahre in einem wichtigen Amt bei der Gesandtschaft seines Landes in Madrid tätig, hat ihn soeben an mich gerichtet:

Lieber Herr Gomez Carrillo!

Ich danke Ihnen tausendmal für Ihre freundlichen Zeilen. – Über Mata Hari kann ich Ihnen leider keine aufsehenerregenden Neuigkeiten mitteilen. Zum ersten Mal sah ich sie 1915 in Amsterdam, wohin ich zum Heeresdienst einberufen worden war. Wir wohnten im selben Hotel (Hotel Victoria); man konnte sie dort oft in Gesellschaft von Deutschen sehen. Erst Ende 1916 oder Anfang 1917, als ich wieder auf meinem Posten in Madrid war, lernte ich sie persönlich kennen. Ich erzähle Ihnen wie: Sie schrieb mir, sie möchte mich sehen, sie hätte eine Bitte an mich zu richten. Ich besuchte sie also im Ritzhotel. Es handelte sich einfach um Gelder, die sie sich von einer Pariser Bank, wo sie, nach ihren Angaben, deponiert wären, nach Madrid schicken lassen wollte. Ich riet ihr, zunächst dorthin zu schreiben und fügte hinzu, ich würde für den Fall, dass sie Schwierigkeiten haben sollte, gern die Intervention meines Chefs, des Gesandten der Niederlande, für sie erbitten. In der Folge sprach sie nicht mehr über diese Angelegenheit, bat auch nicht um die Intervention der Gesandtschaft. Wie viele Frauen, die um eine Gefälligkeit bitten, geriet auch sie bei dieser Gelegenheit ins Plaudern und erzählte mir ihre ganze Lebensgeschichte. Sie wäre angeblich rein holländischer Abstammung, Tochter eines Bürgermeisters von Franeker, namens Zelle; mit sechzehn Jahren, also sehr jung, hätte sie Herrn Mac Leod, schottischen Ursprungs, Offizier in der Kolonialarmee von Niederländisch-Indien, geheiratet. Sie ging mit ihm nach Java, wo sie unglücklich wurde, denn ihr Gatte behandelte sie sehr schlecht. Bei einer Reise durch Europa verließ sie ihren Gatten und ging nach Paris; da sie kein Geld hatte, wollte sie ihr Leben mit Modellstehen fristen. Sie war aber sehr nervös und konnte niemals ruhig bleiben. Und so sagte auch eines schönen Tages ein Maler zu ihr, das ginge so nicht weiter, sie tanze ja geradezu auf ihrem Sessel. Da erinnerte sie sich der Tänze, die sie von den Eingeborenen auf Sumatra gesehen, und ahmte sie so vortrefflich nach, dass der Maler ihr riet, sich ein Engagement in einem Varieté zu suchen. Die großen Pariser Etablissements hätten ihr dann auch sehr bald märchenhafte Bedingungen angeboten. Sie wählte den Namen Mata Hari, weil diese Worte so viel bedeuten wie: Sonne Auroras. Zu jener Zeit war sie eine Schönheit.

Etwas anderes wird Sie vielleicht mehr interessieren als das Voraufgegangene. Nach Madrid kam sie erst nach einem kürzeren oder längeren Aufenthalt in Barcelona, wo man sie, wie mir ein Katalonier sagte, den »Geschäftsführer« nannte. Weshalb, weiß ich nicht; aber dieser Spitzname gab mir umso mehr zu denken, als sie in Spanien keine vertragliche Verpflichtung als Tänzerin zu erfüllen hatte ... Vor ihrer Rückkehr nach Paris bald darauf bat sie mich um einen Passierschein oder eine Empfehlung an die französischen Grenzbehörden. Sie bekundete eine lebhafte Unruhe bei dem Gedanken, dass sie die Pyrenäen zu überschreiten habe. Ich erwiderte ihr, sie müsste diese Empfehlung von meinem Chef erbitten, denn ich wäre zur Ausfertigung solcher Dokumente nicht berechtigt und fügte hinzu, jemand mit einem ruhigen Gewissen hätte nichts zu fürchten; außerdem könnte sie bei etwaigen Schwierigkeiten an die Gesandtschaft telegrafieren. Und zum Schluss betonte ich nachdrücklichst: Für jemand, der nicht ein ganz, ganz ruhiges Gewissen hätte, wäre es in diesem Augenblick besser, sich nicht über die Grenze zu wagen, auch nicht unter dem Schutz einer Empfehlung. Sie machte ein böses Gesicht und zeigte sich über diese Warnung sehr ungnädig, was meinen Zweifel an ihrer Unschuld nur noch bestärkte. Aber sie reiste ab.

Ein paar Monate später war ich keineswegs überrascht, trotzdem sie immer von den »Sales Boches« gesprochen und sich sehr frankophil (natürlich ohne verdächtige Übertreibungen) gezeigt hatte, als ich hörte, sie wäre nach strengster Überwachung durch die Pariser Polizei in einem großen Hotel zur Teestunde verhaftet worden. Der Militärattaché bei der französischen Botschaft in Spanien sagte mir eines Tages in San Sebastian, Mata Hari hätte der französischen Armee mehr als eine Division gekostet.

Auf der niederländischen Gesandtschaft in Paris übrigens sagte man mir, im Verlauf ihres Prozesses wäre von ihrer Seite nie ein Wunsch nach Protektion hervorragender Persönlichkeiten ihres Landes laut geworden.

Stets Ihr ergebenster
G. de With.

Dieses Dokument, auf den ersten Blick ein heller Strahl in das düstere Geheimnis von Mata Haris Schuld, kann im Gegenteil nur dazu beitragen, es noch mehr zu verdunkeln. Kann man annehmen, dass eine intelligente Frau, jedenfalls eine Frau, die nicht verrückt ist, mit Gewalt in die Mausefalle rennt, wenn alle ihre Bekannten, einschließlich der offiziellen Vertreter ihres Landes, sie von dem Verdacht, der auf ihr lastet, rechtzeitig benachrichtigen? Sie hat, könnte man vielleicht sagen, den Worten des holländischen Diplomaten nur eine ganz nebensächliche Bedeutung beigelegt und sie als einen Rat genommen, der allen um einen Pass Bemühten mit auf den Weg gegeben wird. Gut. Aber man beachte, dass ein Madrider Journalist, Ezequiel Endriz, bereits im »Liberal« unter dem Titel »Die Dame im Hermelin«, eine ganze Artikelreihe veröffentlicht hatte, worin er die Beziehungen zwischen dem Chef der deutschen Spione in Madrid und der im Ritzhotel abgestiegenen Tänzerin streift. Es könnte ja nun noch möglich sein, diese Artikel wären ihr gar nicht zu Gesicht gekommen, so weit will ich gehen, aber ...

Seltsam jedenfalls, dass weder Mata Hari noch ihr Verteidiger diese Rückkehr nach Paris als einen Indizienbeweis für ihre Unschuld vorbringen. An Clunets Stelle in diesem erschütternden Fall hätte höchstwahrscheinlich mein Gewissen mich gezwungen, den Mitgliedern des Kriegsgerichts Folgendes zu sagen:

»Beachten Sie wohl, meine Herren, dass diese Frau im Augenblick, wo sie nach Frankreich zurückkehrt, nicht in Unkenntnis ist über den Verdacht, der auf ihr lastet; wenn dieser Verdacht nicht grundlos gewesen wäre, wenn sie nicht ein ruhiges Gewissen gehabt, nicht geglaubt hätte, genügend Beweise ihrer Freundschaft für unser Land gegeben, brennend unseren Sieg gewünscht zu haben, den Sieg der Armee, worin der einzige Mann, den sie geliebt und für den sie sich aufgeopfert hat, kämpfte. Was wäre ihr leichter gefallen, als auf die weisen Ratschläge zu hören? Meine Herren, erinnern Sie sich bitte daran, was Victor Hugo gesagt hat: ›Wollte man mich anklagen, die Türme von Notre-Dame gestohlen zu haben, ohne geneigt zu sein, mir das klipp und klar zu beweisen, würde ich vor der Polizei schleunigst Reißaus nehmen.‹ Mata Hari, eines ähnlich fantastischen Verbrechens angeklagt, glaubte am besten zu handeln, wenn sie, anstatt das Weite zu suchen, an den Ort der Gefahr eilte, um so ihre Unschuld zu beweisen.«

Aber der berühmte Advokat, der die schrecklich ernste Ehre dieser Verteidigung auf sich lud, zieht es vor, sein ganzes Vertrauen in die Wichtigkeit der Zeugenaussagen zu setzen, die für die Bajadere günstig ausfallen mussten. Minister und Gesandte ziehen in langer Reihe an der Schranke vorüber, um die Unschuld dieser Frau zu beglaubigen; überdies ist es für niemand ein Geheimnis, dass dieser große Jurist, strenger Schiedsrichter in Streitfällen zwischen den Nationen und unbestrittener Meister des Advokatenstandes wie so viele andere diesem ungewöhnlichen Weibe ins magische Netz ging, dieser Circe, deren Reizen kein Sterblicher den Widerstand eines Odysseus entgegengesetzt zu haben scheint, und er glaubt sicher, mit seinen Fähigkeiten sie retten zu können ... Unglaublich groß ist die Zahl der Geliebten von Namen und Rang, die Mornay der Tänzerin vorwirft! Ich meine nicht die jungen törichten Flieger, auch nicht die Hitzköpfe unter den niederen und höheren Offizieren, die, sagt man, nicht zu beneidende Spielzeuge einer Nacht in ihren unersättlichen Armen wurden.»Bevor sie intime Beziehungen mit einem französischen Kriegsminister unterhielt, hatte die Spionin nicht minder intime zu einem kaiserlichen Prinzen, den sie zu den großen Manövern in Schlesien begleitete; dann mit einem der höchsten Beamten des Quai d'Orsay; dann mit dem Präsidenten des holländischen Ministerrats, dann ...« Auf diesem Punkt angekommen, schweigt der Berichterstatter diskret, er will nur Namen nennen, die im Prozess erscheinen und die die Zeitungen veröffentlicht haben. Maltre Qunets Name ist mit dabei. Die einen sagen: »Er hat sie angebetet, und obgleich ihm im Augenblick ihrer Verhaftung nur noch die Erinnerung an ihre Reize geblieben war, denn sie hatte auch ihn schmählich betrogen, wollte er doch aus Ritterlichkeit ihr die Hilfe seines Prestiges und seiner Beredsamkeit leihen.« Andere glauben, dass der Verteidiger damals noch einer ihrer Geliebten gewesen sei. Genügt diese, ganz gleich ob noch lebendige oder bereits tote Liebe, seinen Glauben an die Unschuld Mata Haris zu erklären? Denn Massard selbst sieht sich zu der Anerkennung gezwungen, dass der hervorragende Rechtsgelehrte, dessen Seele die reinsten Bürgertugenden widerspiegelt, stets, bis zum Augenblick der Urteilsvollstreckung, seinen unerschütterlichen Glauben hochgehalten hat. Freilich darf nicht verschwiegen werden, was der ehemalige Chef des Pariser Hauptquartiers hinzufügt: »Die Lauterkeit dieses Menschen ist rührend, und sein Eifer wäre einer besseren Sache würdig.«

Ich wundere mich nun zwar nicht über die Lauterkeit, wohl aber über die Schwäche des Advokaten. Denn er scheint nur eingreifen zu wollen mit Bitten an die Richter, sie möchten die Ausbrüche seiner Klientin entschuldigen. In schweren Momenten, wenn es darauf ankommt, stachelige Erklärungen heranzuschaffen, lässt er sie in der lähmenden Wiederholung abgedroschener Phrasen, die nichts besagen, herumwaten und sich verwirren.

Der Präsident des Kriegsgerichts hält der Tänzerin vor: »In Madrid, im Ritzhotel, bewohnten Sie ein Zimmer neben dem des deutschen Spionagechefs in Spanien.«

Sie antwortet: »Das ist wahr.«

»Dieser Berliner Agent besuchte Sie häufig.«

»Auch wahr.«

»Haben Sie Geschenke von diesem Mann bekommen?«

»Aber gewiss ... Er war mein Geliebter!«

» Sehr gut ... Dieser Geliebte telegrafierte seinem Kollegen in Amsterdam das Ersuchen, Ihnen fünfzehntausend Mark zu schicken. Die Gesandtschaft eines neutralen Landes sollte die Sendung an Sie, Sie waren damals bereits wieder in Paris, vermitteln.«

»Wozu leugnen? ... Der genannte deutsche Beamte beliebte, meine Gunst mit dem Gelde seiner Regierung zu bezahlen.«

»Das Kriegsgericht wird diese Erklärung nach ihrem richtigen Wert einschätzen. Sie bekennen also, dass das Geld vom Chef der deutschen Spionage in Amsterdam kam?«

»Vollkommen ... Von meinem Freund in Holland, der, ohne es zu wissen, die Schulden meines Freundes in Spanien bezahlte.«

»Also, wir hören immer dasselbe, die Angeklagte vermag nichts anderes vorzubringen«, sagt Massard.

Plötzlich schwankt sie, erbleicht, ihre Augen werden verstört und aus dem verzerrten Mund fallen abgehackte Sätze. »Ich sage Ihnen ... aber so glauben Sie mir doch ... es ist tatsächlich so ... es war nur ... nur ... nur um meine Liebesnächte zu bezahlen ... So glauben Sie das doch ... bitte, zeigen Sie sich als französische Kavaliere, meine Herren Offiziere ...«

Dass ihre Richter in diesen Worten nur ein überflüssiges, letztes schamloses Mittel zur Erreichung eines Vorteils erblickten, hätte die Angeklagte nicht in Erstaunen setzen dürfen. Trotzdem begehrt sie auf, als sie sieht, dass ein spöttisches Lächeln über Mornays Lippen irrt. Sie empfindet das als geschmacklos und als schweren Verstoß gegen den Anstand.

Wechselt sie im Verlauf des Prozesses ihr Verhalten, geschieht das stets auf eine jähe Weise. Nachdem sie sich energisch erhoben und ihren Richtern herausfordernde Blicke zugeschleudert hat, klappt sie plötzlich ohne ersichtlichen Grund zusammen und ist einer Ohnmacht nahe. Wenn ihr Verteidiger sie mit den Augen eines treuen, aber ohnmächtigen Freundes ansieht, als wolle er sie bitten, seinen Mangel an Einfluss zu verzeihen, antwortet sie ihm mit Achselzucken und bitterböser Schmollmiene. An die Gendarmen, die sie überwachen, dagegen verschwendet sie liebenswürdige Worte und verführende Blicke. »Alles an ihr«, sagt ein Zeuge des Prozesses, »ist ein Geheimnis«. Tatsächlich bleibt alles, oder fast alles, unerklärlich in ihrem Charakter, ihrem Leben, ihren Affekten, ihren Gesten, ihren Gefühlen und selbst in ihren Worten. Ihre Intimen versichern, dass sie geläufig fünf oder sechs Sprachen gesprochen habe. Nichtsdestoweniger gelang es ihr in keiner jemals, sich ganz deutlich auszudrücken. Ihre Reden sind wie ihre Tänze, gewunden und schlangenartig. Der Maler Frantz Namur, der sie viele Jahre lang besuchte, versichert, sie wäre die schwermütigste Frau, die er je gesehen. »Wer dürfte sich schmeicheln, dass es ihm gelungen sei, aus ihr klug zu werden?«, sagt er. »Ich malte zwei Porträts von ihr, eins in Straßentoilette – ich weiß nicht, was daraus geworden ist –, das andere als Tänzerin mit einem indischen Diadem und einem Smaragden- und Topasenhalsband. Sie kam tatsächlich oft ... Was auffiel und in Erstaunen setzte bei dieser vom Glück verhätschelten Frau, der das Schicksal alles gegeben hatte: Reize, Talent, Berühmtheit, das war eine tief innerliche und bleierne Schwermut. Gern setzte sie sich in einen Sessel und grübelte dort in abgespannter Haltung eine Stunde lang über geheime Dinge. Ich könnte mich nicht darauf besinnen, dass Mata Hari jemals gelächelt hätte ... Sie war abergläubisch wie eine Hindu. Eines Tages, als sie sich entkleidete, glitt ein Jadearmband von ihrer Hand: ›– Oh!‹, schrie sie ganz bleich, ›das wird mir Unglück bringen ... Sie werden sehen, das bedeutet ein Unglück für mich ... Behalten Sie diesen Reif, ich will ihn nicht mehr sehen ...‹ Andere haben eine minder schwermütige, minder düstere, mehr mondäne Erinnerung an sie. Wieder andere, die sie nur bei ihren nächtlichen Festen sahen, malen sie uns mit den Farben eines überspannten Enthusiasmus. Worüber jedoch alle einig sind, das ist ihr geheimnisvoller, plötzlicher und wechselnder Charakter.«

Und die Zeugen? Schon bei den ersten Verhören kündigte der Verteidiger sie an. Er habe Personen vorladen lassen, deren Aussagen imstande sein würden, das ganze Dunkel des Prozesses zu erhellen. Als die Tänzerin erfährt, dass von ihren Freunden die berühmtesten als Zeugen erscheinen werden, kann sie ihre Freude kaum bändigen. Kokett und katzenartig legt sie mit Wonne die leuchtende Pracht des Karminstifts sich auf die Lippen. Eine Blume, Sendung eines anonymen Bewunderers, mildert die Strenge ihres blauen Kostüms. Jetzt weist sie auch nicht mehr wie früher die Bonbons zurück, die der Verteidiger ihr anbietet, im Gegenteil, sie zerknabbert sie mit kindlichem Behagen. Jetzt richtet sie ihr Lächeln nicht mehr nur auf die Gendarmen; sie lässt es auch auf die Richter hinübergleiten; selbst in Mornay, den sie bisher für einen Torquemada gehalten, scheint sie plötzlich einen neuen Freund zu sehen.

Und Massard zischelt: »Komödianterei!«

Komödianterei? Warum? Warum sollte es an dieser Frau nicht etwas Aufrichtiges, etwas Ursprüngliches geben? Ich wenigstens auf der unablässigen Suche nach einem Lichtreflex in der Seele der Schuldigen, und wäre er noch so schwach, ich frage mich noch einmal, ob wir nicht doch irgendeinem Vorgang beiwohnen könnten, der uns ihre Unschuld enthüllt.

»Lassen Sie den ersten Entlastungszeugen eintreten«, befiehlt der Oberst.

Ein Herr von distinguiertem Äußeren nähert sich der Schranke.

»Warum haben Sie diesen Zeugen vorladen lassen?«, fragt der Ankläger.

Sie, sanft, lächelnd, ruhig, antwortet: »Der Zeuge bekleidet, wie Sie alle wissen, bei der französischen Regierung eine sehr hohe Stellung. Er ist auf dem Laufenden über das, was im Ministerrat verhandelt und auf dem Schlachtfeld vorbereitet wird. Also! Ich traf ihn nach meiner Rückkehr aus Madrid hier, ohne ihn zu suchen. Er war mein erster Geliebter nach meiner Scheidung gewesen, und es war sehr natürlich, dass ich ihn mit Vergnügen wiedersah. Wir verbrachten miteinander drei Tage. Er möge Ihnen sagen, ob ich in der unbedingtesten Intimität, bei unseren langen Unterhaltungen, ihm eine einzige, den Krieg berührende Frage vorgelegt habe.«

Der Zeuge, damals noch französischer Botschafter am königlichen Hofe eines verbündeten Landes, oder gar erst jüngst dazu ernannt, antwortet ergriffen: »Niemals, aber auch niemals! –«

»Es ist sehr unwahrscheinlich«, unterbricht ihn der Ankläger, »dass zwei Menschen drei Tage zusammen verbringen konnten, ohne davon zu sprechen, was uns wie ein Alp bedrückt.«

»Es ist vielleicht unwahrscheinlich, aber es ist wahr«, antwortet der Zeuge. Und da niemand das bezweifeln kann, fügt er hinzu: »Wir sprachen über Kunst, über orientalische Kunst.«

»Da sehen Sie es!«, ruft der Verteidiger zum ersten Mal mit hocherhobener Stimme, »da sehen Sie es, diese Frau verbringt drei Tage mit einem unserer führenden Staatsmänner und spricht mit ihm nicht ein Wort darüber, was unsere Feinde am meisten interessieren kann.«

Kaltblütig und unversöhnlich erwidert Mornay: »Die Angeklagte ist intelligent genug, zu wissen, dass man einem erfahrenen Diplomaten nicht ebenso leicht Geheimnisse entlockt, wie liebestrunkenen jungen Offizieren, die unfähig sind, einer berühmten Künstlerin zu misstrauen. Trotzdem verfehlt sie nicht den Einfluss des hochgestellten Mannes, der zarte Beziehungen zu ihr unterhält, auszunützen. Man hat gesagt, vielleicht trifft es zu, dass einige der von Mata Hari an ihre Freunde in Madrid und Amsterdam geschickten Berichte auf Briefbogen mit amtlichem Kopf, wie sie das Ministerium des Äußeren verwendet, geschrieben waren. Dadurch versuchte sie vor allem denen, die sie bezahlten, beizubringen, sie verfüge über Beziehungen, die es ihr leicht machten, in die Staatsgeheimnisse einzudringen. Durch ihr für andere Spione sichtbares Erscheinen in Gesellschaft des berühmten Botschafters, der hier vor uns steht, schmückte sie sich mit einem Nimbus, der ihr erlaubte, höchst sicher und anspruchsvoll aufzutreten.« Bei diesen Worten wird der Zeuge fahl und schweigt. Des Regierungsbevollmächtigten Hypothesen erscheinen ihm zweifellos annehmbar. Aber als man ihn fragt, ob er nichts hinzuzufügen hätte, wiederholt er als echter Gentleman: »Die gute Meinung, die ich von dieser Dame hatte, ist durch das Gesagte keineswegs beeinträchtigt worden.« Er verneigt sich vor der Tänzerin und zieht sich zurück, ebenso ernst, wie er eingetreten war.

Unter den geladenen Zeugen befand sich auch ein ehemaliger Kriegsminister; aber da die Front ihn brauchte, konnte er dem Ruf derjenigen, die nach seinen Briefen die tiefste Liebe seines Lebens war, nicht entsprechen. Der Präsident nimmt zur Kenntnis, dass dieser Zeuge dem mit seiner Vernehmung beauftragten Beamten erklärt habe, die Angeklagte hätte nie mit ihm über den Krieg gesprochen, auch keine Fragen an ihn gestellt, die ihm hätten verdächtig erscheinen können.

»Wer aber«, fragt der Ankläger, »hielt Sie damals auf dem Laufenden über die Vorbereitungen zur Offensive von 1916?«

»Niemand.«

»Wie, Sie leugnen, diese Vorbereitungen gekannt zu haben?«

»Ich gestehe, dass ich, während ich in der Kampfzone weilte, um Hauptmann Marow zu pflegen, die Vorbereitungen einer großen Offensive witterte. Verschiedene befreundete Offiziere deuteten mir das an; aber bedenken Sie doch, wenn ich solche Nachrichten den Deutschen hätte zukommen lassen wollen, das wäre mir ganz unmöglich gewesen.«

»Dennoch ist es erwiesen, dass Sie fortgesetzt mit Amsterdam korrespondierten. Ihre Briefe nahm die Gesandtschaft eines neutralen Landes in Empfang; diese leitete sie weiter im Glauben, sie wären für Ihre Tochter bestimmt gewesen.«

»Ich schrieb, das ist wahr, aber ich schickte keine Mitteilungen über den Krieg.«

»Jedenfalls schrieben Sie damals auch dem gefürchteten Leiter der deutschen Spionage in Holland. Wir wissen das ganz genau und wir wissen auch, dass Ihre Briefe mit H. 21 unterzeichnet waren.«

»Nein, das ist nicht wahr.«

»Verzeihung, das ist wahr; und den Beweis dafür liefert das Telegramm des Madrider Agenten an seinen Kollegen in Amsterdam; er erbittet darin für Sie fünfzehntausend Goldmark und sagt, diese Summe wäre zu befördern an H.21.«

Wie immer, wenn Fragen sie verwirren, schweigt Mata Hari und gerät in Wallung. Ihre zu Anfang dieses letzten Verhörs gute Laune ist hin. Es ist den Zeugen nicht gelungen, Mornay zahm zu machen und Semprou zu überzeugen. Nun ist die Reihe am Verteidiger, nun muss er versuchen, die Angeklagte zu retten. Er bittet, man möge die Verhandlungen als abgeschlossen betrachten und ihm das Wort erteilen. Und nun spricht er stundenlang mit Glaubwürdigkeit, mit Wärme, mit Überzeugung. Seine Rede hat die Bedeutung, die ihm seit zwanzig Jahren nachgerühmt wird. Seine vornehme Miene macht Eindruck auf die militärischen Richter, die lautlos, respektvoll ihn anhören. Selbst der Ankläger wagt nicht zu lächeln über das, was ein Journalist von Ruf die Herzensreine eines verliebten Greises genannt hat.

Und was sagt der berühmte Rechtsgelehrte? Sein Plädoyer ist niemals veröffentlicht, aber eifrig diskutiert worden. Wenn ich diesen Äußerungen glaube, dann ist es eine höchst scharfe und peinlich genaue Studie gewesen über die komplizierte, verantwortungslose, rätselhafte Seele dieser Frau, die zugibt, eine käufliche Kurtisane zu sein, aber die Anklage der Spionage gegen Frankreich zurückweist. »Alle diese stürmischen Impulse zeugen von einem chaotischen Seelenleben. Es ist unmöglich, einer so veränderlichen, zappelnden, unruhigen, immer zu extremen Entschlüssen bereiten Natur unbedingtes Vertrauen zu schenken. Der Zaum des Geistes genügt nicht, dieses Temperament zu zügeln, das durchgeht, Hindernisse gar nicht abschätzt, sich blind der Laune des Schicksals überlässt. Nichts kann sie hindern, dem Lauf ihrer Leidenschaften zu folgen. Und inmitten eines so hemmungslosen Lebens erscheint sie immer als Herrin ihrer selbst. Ihre Intelligenz steht außer Zweifel. Sie hat nichts Plebejisches, nur Sinn für das Feine, Harmonische. Sie hat Schönheitsgefühl, Verständnis für die Kunst und geistige Dinge. Und sie ist verführerisch aus Instinkt, aus Bedürfnis, aus Trieb. Sie ist unvergleichlich kompliziert. Ganz offen gefällt sie sich darin, ihre Freunde zu belügen. Ihre Lebensenergie ist erstaunlich und ihr Ungestüm derart, dass sie selbst davor erschrickt«[7] ... Durch eine derartige Psychoanalyse will der Verteidiger natürlich nichts anderes, als den Mitgliedern des Kriegsgerichts eindringlich zu Gemüte führen, eine so veranlagte Frau könne nicht wie ein Soldat abgeurteilt werden. Was bei einem normalen Menschen das deutliche Zeichen eines Vergehens wäre, ist bei ihr nur der Reflex ihrer Grillen in einer durch den Weltorkan überhitzten Atmosphäre. Vieles, was sie selbst erzählt von ihrem Leben, ihren Lastern, ihrer Käuflichkeit, ihren Intrigen, ihrer magnetischen Kraft erscheint unwahrscheinlich. Jedoch alles kann wahr sein. Aus krankhafter Eitelkeit, ungesunder Neugierde, unergründlichen Gefühlsregungen hat sie sich die deutschen Spionageleiter erobert. Dann hat sie die französischen Offiziere, die in ihren Bannkreis kamen, verführt. Dieses Spiel der Hassgewalten, die in ihrem Bett sich kreuzen und auf ihren Lippen sich mischen, verschafft ihr eine gleichzeitig diabolische und kindliche Freude.

Ob wohl Clunet sich so bemüht hat, Mata Hari zu retten? Jedenfalls vermag seine lange Rede bei aller Feinheit und überströmenden Kraft die Richter nicht zu überzeugen. Die Angeklagte selbst muss das offenbar fühlen, denn nach Beendigung des Plädoyers erhebt sie sich zu einer letzten Erklärung, worin sie noch einmal feierlich ihre Unschuld bekennt:

»Beachten Sie wohl, sagt sie, dass ich nicht Französin bin und für mich das Recht in Anspruch nehme, meine Beziehungen zu pflegen, gleichviel wo und wie es mir beliebt. Der Krieg ist kein genügender Grund, dass ich aufhöre, mich als Kosmopolitin zu fühlen. Ich bin neutral und meine Sympathien neigen zu Frankreich. Wenn Ihnen das nicht genügt, machen Sie, was Sie wollen.«

---

[7] Louis Dumur: Nach Paris

Das Verhör wird aufgehoben. Das Gericht zieht sich zur Beratung zurück. Nach zehn Minuten ist das Urteil einmütig gefällt. Meinungsverschiedenheiten über den Kern der Sache, die Einzelheiten, die Anwendung des Gesetzes bestanden nicht. Der Präsident hat jedes Mitglied des Tribunals gefragt; er begann damit bei dem im militärischen Range niedrigsten:

»Ich frage Sie auf Pflicht und Gewissen, sind Sie überzeugt, dass diese Frau schuldig ist, dem Feinde Nachrichten und Dokumente vermittelt und so den Tod vieler unserer Soldaten verursacht zu haben?«

Ohne zu zögern, sehr ruhig, haben alle Offiziere geantwortet: »Ja.«

Einer der Richter, ein Major, spricht nach Unterzeichnung des Urteils sehr laut folgende Worte: »Es ist schrecklich, ein so junges, bezauberndes Geschöpf mit einer so großen Intelligenz zum Tode verurteilen zu müssen ... Aber die Ränke dieser Frau haben so furchtbares Unheil angerichtet, dass, wäre es möglich, ich sie lieber zweimal statt einmal füsilieren ließe.«

Semprou, ein wenig bleich, befiehlt dem Regimentsschreiber, der Angeklagten das Urteil vorzulesen. Die Wache präsentiert das Gewehr und die ernste Schluss-Szene beginnt:

»Im Namen des französischen Volkes ...«

Bricht Mata Hari zusammen? Rafft sie sich zu einem Protest auf? Will sie noch einmal ihre Unschuld hinausschreien? ... Nein. Über die eingefallenen Wangen ihres Verteidigers rollen zwei große Tränen. Sie dagegen lächelt, ganz still, ruhig, heiter, fast gleichgültig, als handle es sich um etwas Unbedeutendes, das auch nicht ein einziges Wort der Erklärung verdiene.

Der Gendarm in der dunklen Ecke murmelt: »Die kann sterben.«

GEFÄNGNIS UND TOD

Mata Haris Haus in Neuilly

Darf ich sagen, ich habe sie ganz genau gekannt? Jedenfalls bin ich wohl der Einzige gewesen, der in den schmerzlichsten Tagen ihres Leidensweges in die Gefängniszelle etwas brachte, das zu ihrem Leben und ihrer Jugend Beziehungen hatte, etwas, das frei war von feierlichem Ernst und Drohung, nicht dazu angetan, ihr Misstrauen zu erregen. Mein beruflicher Dienst beschränkte sich auf das Geringste. Sie war gesund und kräftig. Wonach sie sich am meisten sehnte, frische Luft, parfümiertes Badewasser, lange Spaziergänge, das konnte ich ihr nicht verschaffen. Also bat sie mich eigentlich nur hin und wieder um Beruhigungsmittel für ihre Nerven und um Schlafpulver. Ein einziges Mal, am Rande des Grabes, begehrte sie ein Glas Alkohol. Vorher, während ihrer endlos langen Haft, hat sie keinen jener Wünsche geäußert, die im Allgemeinen die Gefangenen quälen. Wenigstens nicht in meiner Gegenwart. Stolz von Natur und aus Gewohnheit, als echte Aristokratin des Nordens, mit Gefühl für Rang und ausgeprägtem Kastengeist litt sie schwer unter der Gesellschaft der anderen In-

haftierten, mit denen sie laut Vorschrift in einem Saal schlafen musste, aber schließlich fügte sie sich auch darein.

So äußert sich Dr. Bralez, Gefängnisarzt in Saint-Lazare. Er kam täglich mit Mata Hari zusammen während der acht Monate, die die berühmte Tänzerin in diesem Gefängnis zubringen musste.

Ich war – fügte er hinzu – *damals nur der Assistenzarzt des Direktors Dr. Bizard. Aber vielleicht gerade deshalb sprach diese Frau mit mir unbefangener als mit den anderen, und sehr oft nötigte sie mich, nach dem regelmäßigen Besuch noch ein paar Augenblicke bei ihr zu bleiben. Ich weiß nicht, war es aus Misstrauen, war es aus Überzeugung, jedenfalls verfiel sie nie darauf, einem jungen Assistenzarzt ihr Herz auszuschütten, von den Verbrechen, deren man sie anklagte, zu sprechen. Ich weiß nichts von ihrem Prozess, was nicht auch alle Welt wusste. Wollte man mich fragen: »Halten Sie sie für schuldig?«, müsste ich antworten: »Ja«, obgleich es mir schwerfällt, daran zu glauben. Denn es erscheint durchaus unlogisch, dass eine so veranlagte Frau, mit diesem Stolz, dieser Fantasie, Liebe zur Kunst, Schönheit, Kultur, Geldverachtung so tief heruntergestiegen wäre, leichtsinnige Flieger zu verführen, um von ihren mit Küssen berauschten Lippen die Geheimnisse unserer militärischen Operationen zu erhaschen. Immerhin nahmen die Verhandlungen vor dem Kriegsgericht für sie und ihre Verteidigung einen höchst unheilvollen Verlauf. Daran ist nichts mehr zu ändern. Ich erinnere mich meines Besuches bei ihr an dem Tage, wo ihr das Urteil zugestellt wurde. Glauben Sie mir, ihre Ruhe, Kaltblütigkeit, Gleichgültigkeit verblüfften mich. Wäre ich der Geistliche gewesen, hätte ich ihr den Trost des Glaubens vermittelt. Als Arzt war ich gezwungen, absolute Zurückhaltung zu beobachten; also fragte ich sie nur nach ihrer Gesundheit und entfernte mich aus der Zelle. Ich wagte nicht einmal, ihr ein paar Veronaltabletten für eventuelle Schlaflosigkeit zu verordnen. Zwei Tage später bemerkte ich, dass sie deren tatsächlich nicht nötig gehabt hätte, denn sie verbrachte völlig ruhige Nächte ohne die geringste Beeinflussung durch die grauenhafte nahe Lösung der Tragödie. Ihr Prozess war am 24. Juni zu Ende. Am 27. etwa um 10 Uhr vormittags, erschien eine Gefängnisnonne mit geheimnisvoller Miene und flüsterte mir ins Ohr, Madame Mata bäte um den Besuch des Doktors. »Des Doktors Bizard, nicht wahr?«, fragte ich. »Nein, sie wünscht den jungen Doktor zu sehen«, betonte die Nonne. Der junge Doktor, das war ich. Ich ging also zu ihr, und zwar mit der Befürchtung, die Reaktion auf die Anspannung der letzten Tage könnte bei ihr, Nervenmensch durch und durch, eine Krisis bewirkt haben, ähnlich denen, die sie, nach eigenem Geständnis, zur Zeit ihrer großen künstlerischen Triumphe durchzumachen hatte. Aber nein, gar nichts Derartiges. Sie hatte mich auch gar nicht als Arzt rufen lassen. Sie sehnte sich nach interessanten Büchern und bat mich, ich möchte sie ihr verschaffen. Bereitwillig nannte ich zwei oder drei berühmte Romanschriftsteller: Bourget, Marcel Prévost, Rosny. »O nein«, murmelte sie geringschätzig. »So etwas nicht. Für Geschichten mit bürgerlichem Milieu habe ich nicht viel übrig. Denken Sie, die Bücher, die man Sittenromane nennt, habe ich nie auslesen können. Mich reizt nur Dichtung, wenn sie etwas Geheimnisvolles und Religiöses, etwas von Sage und Magie enthält. In Schönheit zu leben gibt es, glaube ich, nur ein einziges Mittel: Wir müssen die tausend Miseren des Alltags weit hinter uns lassen und hoch hinauf in die Sphäre des Ideals fliegen. Daher ist mir alles Europäische, selbst die Religion, unerträglich geworden ...« Hier steckte sie die entzückende Schmollmiene eines verzogenen Kindes auf: »Hinterbringen Sie das ja nicht den armen Nonnen, die es sich in den Kopf gesetzt haben, mich zu bekehren. Was das Wort Religion für mich bedeutet, würden die Ärmsten überhaupt nicht verstehen, und wenn sie hörten, wie ich meine Tänze und selbst meine Liebkosungen zu Andachtsübungen erhebe, würden sie vor mir sicher das Zeichen des Kreuzes machen ... Denn ich bin eine Hindu, trotz meiner holländischen Geburt ... Ganz und gar eine Hindu, jawohl, jawohl! Sie sind ein intelligenter Mensch, Doktor, also bitte sagen Sie: Habe ich irgendetwas Europäisches an mir? ... Nein, nicht wahr! Ich bin eine Orientalin. Daher interessiert mich auch einzig und allein der Orient. Wenn man mit mir von der Heimat spricht, dann wendet sich mein Geist einem fernen Lande zu, wo eine goldene Pagode sich im Schlangenlauf eines Flusses spiegelt. Ich könnte nicht genau sagen, woher ich bin ... Aus Benares? Aus Golkonda? Aus Gwalior? Aus Madura? Ein Geheimnis liegt in meiner Abstammung, in meinem Blut ... Später wird man es verstehen ... Ich selbst habe es kaum noch ergründet ...« Eine Wolke von Schwermut oder Heimweh schien über ihre Augen zu streichen, da sie so nachdenklich die Frage nach ihrer fantastischen Wiege heraufbeschwor. Tatsächlich wurde auch die Wirklichkeit hierbei unerklärlich. Weder der Typus, noch der Charakter, weder die Kultur, noch die Haut, weder die Gedankenwelt noch sonst irgendetwas an dieser Frau gehörte unseren Breiten. Man spürte etwas Triebhaftes, eine Art Urzustand und gleichzeitig etwas Priesterliches, etwas vom heiligen Funken, und zwar in ganz eigentümlicher Verfeinerung. Etwas Unbestimmtes, wie soll ich's nennen ...?*

Dr. Bralez sucht nach einem Ausdruck, einem Bild, um seine merkwürdige und widerspruchsvolle Beobachtung kurz zusammenzufassen. Man fühlt, dass auch er, wie alle, die mit ihr zusammenkamen, einen lebhaften Eindruck hatte von der Mischung ihres Charakters aus Einfachheit und Kompliziertheit, aus Naivität und Berechnung, aus Hochmut und Milde.

»Einer ihrer Geliebten«, sagte ich, um ihm bei seinem vergeblichen Suchen nach dem passenden Wort zu helfen, »erklärt es vielleicht, wenn er sagt, sie wäre ein vom bösen Geist besessenes Kind.«

Das möchte ich nicht sagen, versetzte er; *ich habe sie nicht in ihren besten Zeiten gekannt, wo sie ihre weiblichen Instinkte ganz nach Belieben spielen lassen konnte. In der engen Zelle, immer in Gesellschaft mit anderen Gefangenen, gänzlich abgeschlossen von der Außenwelt, wäre sie doch dann wie ein Panther im Käfig anzusehen gewesen. Das ist durchaus nicht richtig. Ein Panther, selbst im Käfig, ist wild und unbändig. Aber nie hatte ich von ihr den Eindruck eines grausamen Wesens. Oft war sie matt bis an die Grenze der Stumpfheit, dann wieder fieberhaft erregt, fast gebieterisch, doch stets bewahrte sie ein aristokratisches, feinfühliges Wohlwollen, das von vornherein das ihr zugefügte Böse zu verzeihen schien. Ihre Kultur verriet Gründlichkeit, aber nicht etwa, weil sie umfassend war, sondern weil sie ihr ganzes Tun und Denken beherrschte, und sie in jedem Augenblick ihres Lebens leitete. Als ich, von ihr gerufen, zwei Tage nach der Urteilsverkündigung eintrat, sagte sie zu mir:* »*In diesem Augenblick möchte ich nichts Neues lesen. Aber ich habe den brennenden Wunsch, das, was mich auf den Wegen der Kunst und der Liebe geführt, wieder zu lesen. Nichts, außer diesen beiden Gebieten, hat für mich je existiert. Wenn Sie mir einen großen Gefallen erweisen wollen, versuchen Sie, dass das Museum der Religionen Ihnen diese Bücher leiht, denn sie sind im Buchhandel schwer zu beschaffen.*« *Und dann sprach Sie zu mir über diese bedeutenden Bücher Indiens, wie wir etwa über die neuesten Boulevardromane plaudern.* »*Früher*«*, sagte sie,* »*las ich am liebsten, was uns lehrte, das Leben zu lieben und die sinnlichen Genüsse mit leidenschaftlicher Begier und Erkenntnis aufzunehmen. Im ›Prem Sagar‹ gibt es Kapitel, die alle unsere Sinne pochen machen und uns wie Opium berauschen. Ganze Gesänge dieses Riesengedichts, woraus die modernen Dichter ihre besten Einfälle sich geholt haben, kann ich auswendig. Ebenso haben die Schauspiele Kalidasas mit ihrer zarten Empfindung und die seiner Schüler mit ihrer farbigen Feinheit mir auserlesen schöne Tage beschert. Ich muss lachen, wenn ich sagen höre, in Paris wäre die szenische Kunst auf ihrem Gipfel angelangt. Oh, wenn Sie wüssten, wie unglaublich gesteigert das psychologische Raffinement und gar erst das der wirklichen Dinge in Indien ist! Jede Leidenschaft hat dort unten ihren Duft und ihre Farbe; so ist die Liebe blau, die Wonne weiß, die Zärtlichkeit rosa, der Heldenmut rot. Die Dekorationen wechseln in der Farbe und die Atmosphäre wechselt im Aroma je nachdem ein neues Gefühl im Drama vorherrschend wird. Und jede Person hält sich genau an die Sprache ihrer Kaste und Religion, und wenn sie einander nicht verstehen, vermittelt ein Dolmetsch die Reden, ganz wie im praktischen Leben. Glauben Sie ferner nicht etwa, dass diese Autoren ihre sämtlichen Abenteuer in die ewige Form der vier Akte schütten. O nein. Es gibt Stücke mit einem, zwei, drei, fünf, sieben, zwölf, zwanzig Akten, je nach der Bedeutung der Verwicklung. Und die Liebenden lieben sich, lieben sich wahrhaft auf der Szene. Und hassen sich wahrhaft. Und sie verfolgen sich tatsächlich und greifen sich tatsächlich an. An so manchen Händen habe ich Blut gesehen. Ah! Und die ritterlichen Legenden, die Geschichten der Râdschputenkrieger, die in safrangelbem Rock über dem Panzerhemd auf die Suche nach wunderbaren Abenteuern ausrei-*

ten! Und die Romane von der stolzen Brahmanentochter und dem Edelknaben! Sie verliebt sich in ihn, wird in eine Zisterne gefangen gesetzt, bleibt dort viele, viele Jahre lang, verliert nie die Hoffnung; der Tag wird kommen, wo sie entschlüpfen kann, um zum Stelldichein zu eilen; sie ist sicher, ihn an der Pforte der Pagode, wo sie sich kennenlernten, zu finden. Und kann er sie doch niemals wiedersehen, dann wird er im Tempel mit einem letzten Seufzer für sie zu sterben wissen! Es gibt nichts Dichterischeres, nichts Vornehmeres, Größeres, als was uns vom alten Indien erhalten geblieben ist. Aber um mir jetzt ein Vergnügen zu bereiten, sollen Sie sich weder um die Beschaffung des ›Prem Sagar‹ noch des ›Bakta Mal‹ noch des ›Singhazan Battici‹ noch des ›Sundara Kanda‹ bemühen. Ich wäre mit einem schlichteren Werk, das leichter zu finden ist, zufrieden. Versuchen Sie doch, den ›Lotosbaum der goldenen Regeln‹ zu bekommen; nichts weiter; es ist ein kleines buddhistisches Buch, das uns lehrt alles zu verachten ...« Ich sah sie scharf an, ich wollte sie prüfen, ob ihre Züge etwa denen eines christlichen Verurteilten, der als letzten Trost um die ›Nachfolge Christi‹ bittet, glichen. Aber nicht eine Spur davon ...

Dr. Bralez fuhr fort:

Ich konnte das, wie sie sagte, schlichte Werk in keiner Buchhandlung auftreiben; jedoch einer meiner Kollegen am Sankt Ludwigshospital, in asiatischer Literatur sehr bewandert, lieh mir ein, man könnte sagen, buddhistisches Evangelium. Es enthielt die wichtigsten Stellen des ›Salita Vistara‹, ›Buddhacarita‹ und des ›Avadanasataka‹. Bevor ich das Buch Mata Hari übergab, wollte ich darin blättern; aber ich las es schließlich ganz durch, und zwar mit dem lebhaftesten Interesse; und je mehr der Zaubertrank des Nirwana meinen Geist durchtränkte, um so klarer, schien mir, wurde das Seelengeheimnis der Tänzerin vor meinen Augen im Licht dieses ergreifenden Mystizismus. Als ich das Büchlein öffnete, las ich bald folgenden Satz: »Der junge Märtyrer, dem der Henker soeben die Augen ausgerissen hat, ruft aus: – Was liegt daran, da ich alle Freuden, die sie mir verschaffen konnten, voll genossen und mir, dank ihnen, auch darüber Rechenschaft ablegen konnte, dass alles vergänglich, flüchtig, verächtlich ist!« – Dann las ich die berühmte Parabel von der Kurtisane: »Der junge Upagupta, ein Spiegelbild heiliger Reinheit, traf morgens die schönste Bajadere im ganzen Lande, die ruhmreiche Vasavadata von Mapura; und als die Frau den jungen Mann sieht, entbrennt sie in Liebe zu ihm und sagt es; aber der junge Mann geht vorüber, ohne den Kopf zu wenden. Ein paar Jahre später wurde diese Bajadere zum Tode verurteilt; der Henker trennte ihr die Beine, die Arme, die Ohren, die Nase ab und ließ sie auf dem Begräbnisplatz liegen, damit die Raben das Urteil gänzlich vollstrecken sollten. Als Upagupta davon erfuhr, ging er zum Begräbnisplatz. Die Frau sieht ihn kommen und spricht zu ihm: ›Meine Schönheit, mein Leben wolltest du nicht, aber jetzt kommst du, dich an meinen Schmerzen, meinem Sterben zu weiden.‹ Der junge Mann versetzte: ›O nein, meine Schwester, ich komme und sehe nur, wie wenig wichtig das Leben ist und wie wenig die Schönheit bedeutet.‹ Nach diesen Worten fühlte sie keine Todesangst mehr, auch keine Schmerzen darüber, hinschwinden zu müssen; und nachdem sie ernsthaft überdacht, welch unendliche Qual auf dem tiefsten Grunde der Wonne ruht, gab sie sich froh dem Nirwana hin und starb glücklich und heiter.« So war auch alles andere in diesem Buch, das wiederzufinden ich mich später vergeblich bemüht habe und das nichts enthielt, was nicht in jeder Buddhasage geschrieben steht. Auf jeder Seite murmelte eine geheimnisvolle, sanfte und klare Stimme Psalmen eines glücklichen Verzichts, eines seligen Nichtseins, einer hehren Freude das Dasein abzubrechen. Und als ich diesen Stimmen lauschte, dachte ich mir, wenn Mata Hari wirklich in diesen Grundsätzen erzogen worden wäre, könnte die vornehme Heiterkeit, die stolze Verachtung, womit sie ihre nahe bevorstehende Hinrichtung betrachtete, kaum in Erstaunen setzen. Denn wie fantastisch man auch die Phasen weiblicher Zuversicht geschildert hat, diese Frau setzte niemals die geringste Hoffnung in eine Nichtvollziehung des kriegsgerichtlichen Urteils. Man vergesse doch nicht die unversöhnliche Härte dieser Kriegszeiten.

Dr. Bralez hat recht. Nachdem die Minister lange Zeit von schöngeistigen Ideen eingenommen waren, wurde von einer neuen Regierung, die nicht patriotischer aber energischer war, das sogenannte Schreckensregiment errichtet. Wer damals in die Hände der Militärgerichte fiel, zahlte für alle, denen während der beiden ersten Kriegsjahre der vielgerühmte Geist der Milde zugutegekommen war. Mit ihrem klaren Blick musste Mata Hari begreifen, dass es ein Wahnsinn wäre, auf die Gnade des Staatsoberhauptes zu rechnen. Ihr Verteidiger freilich hielt sie mit Versprechen höchster Interventionen hin, wie man ein Kind in Träume wiegt. In Spanien, in Holland, in Amerika erhoben sich einige sehr mutige Stimmen zu ihren Gunsten. Aber drangen sie bis an ihr Ohr? Jedenfalls glaube ich, wie auch Dr. Bralez, dass ihre Seele gerüstet war, der Todesstrafe mit stolzem Mut zu begegnen seit jenem Tage, wo sie das furchtbare Urteil aus dem Munde von zwölf ehrlichen Soldaten vernehmen musste.

Ihre Gespräche – sprach Dr. Bralez weiter – *ihre interessanten Gespräche, einst ganz kosmopolitisch und mondän, wurden plötzlich sehr ernst, grübelnd, völlig orientalisch ... Sentenzen blühten auf ihren Lippen wie auf denen Sancho Pansas; aber sie waren doch ganz anderer Art. Ihre Sentenzen waren eine Frucht der hindostanischen Lektüre; sie dienten ihr in jedem Augenblick zur Befestigung ihres Vertrauens auf das Nirwana. »Von unserer Geburt an«, sagte sie und zog damit die Summe ihrer Lektüre, »sind wir ein durch eine Feder belebtes Skelett; die geringste Erschütterung kann sie zerbrechen.« Oder: »Der Wurm ist das einzige unsterbliche Wesen.« Oder gar: »Es gibt kein Leben, es gibt keinen Tod, es gibt nur Metamorphosen.« Obgleich, wie ich später erfuhr, ihre Freunde sie pedantisch nannten, weil sie immer zitierte und dauernd von dem Wunsch besessen war, die dunklen Zusammenhänge des Daseins und die Satzungen der Kunst auf buddhistische oder bramahnische Weise zu erklären, habe ich, offen gestanden, nie etwas bemerkt, was mich durch einen geschraubten Ton abgestoßen hätte. Mit der größten Gewandtheit vermischte sie Reispuder und Metaphysik, die Erfahrungen des niedrigsten Okkultismus und die erhabensten Lehren der Vedas miteinander. Ein Parfüm, auf eine bestimmte Art bereitet, eine Farbe mit einer anderen an bestimmten Tagen zusammengestellt, ein Zauberwort mit einem besonderen Akzent gesprochen, eine kabbalistische Zahl, ein Amulett, kurz irgendeine Oberflächlichkeit genügte, sie in den unerhörtesten Überschwang zu versetzen. Ich erinnere mich eines Nachmittags, wo sie mit sehr traurigem Lächeln zu mir sagte, als*

Dank für alle meine Aufmerksamkeiten hätte sie sich vorgenommen, mir die drei Zauberrezepte zu geben, die mich am meisten interessieren könnten. Ich fragte sie lachend: »Welche wären das?« – »Das erste und hauptsächlichste verleiht die Kraft, sich von dem geliebten Wesen, sei es wer es wolle, lieben zu lassen ... Das zweite, praktischere ist die Kunst alles in Gold zu verwandeln ... Das dritte ist das Universalmittel für eine dauernde Gesundheit.« Mit weit geöffneten Augen, den Blick fest auf mich geheftet, jedoch ohne dass ich das Gefühl hatte, sie sähe mich wirklich an, schwieg sie lange, nachdem sie diese Worte gesprochen hatte. Und, wollen Sie es glauben oder nicht, ich war halluziniert, und mich beschlich die Empfindung, ich befände mich bei einer Hexe, vor einem übernatürlichen Wesen, das tatsächlich über die Kräfte des Mysteriums verfügen konnte. »Sie sehen – fügte sie plötzlich hinzu mit einem Ruck des Kopfes, zweifellos um irgendeine hässliche Ahnung loszuwerden – dank meinen drei Rezepten sind mir die drei Dinge zuteilgeworden, und das wird auch Ihnen geschehen, denn Sie sind gut zu mir gewesen.« Und nachdem sie einen rauen Seufzer ausgestoßen hatte, blieb sie so verdüstert und in Gedanken versunken, dass sie nicht einmal mein Weggehen aus der Zelle bemerkte. Zu anderen Malen war ihre Freude kindlich, naiv, mit einem ganz leichten Stich ins Hergebrachte oder gar ins Gewöhnliche; wenn man dann sah, wie sie schallend lachte und sich derb auf die Schenkel schlug, lag der Vergleich mit einer saftigen holländischen Dirne nicht fern. Aber im Grunde genommen war ihr Charakter vielmehr ernst, besorgt, zurückhaltend, misstrauisch, hitzig und widerspruchsvoll. Es gab Tage, wo in weniger als einer halben Stunde alle menschlichen Gefühle wie Unwetter und Sonnenschein durch ihre Augen jagten. Man begriff bei vorurteilsloser Betrachtung nur zu gut die absolute Macht ihres geschmeidigen, betörenden Wesens über ihre Geliebten.

Jetzt reizte es mich noch weiter in die Geheimnisse um das Bild der Tänzerin zu dringen und ich fragte meinen guten Freund Dr. Bralez, ob Mata Hari tatsächlich eine der schönsten Frauen ihrer Zeit gewesen wäre. Wer bei Dr. Bizard oder im Arbeitszimmer Louis Dumurs ihre entzückenden Fotografien gesehen hat, als Nacktänzerin in den verschiedensten Stellungen, das Bild einer exotischen Venus, würdig von

Baudelaire als Inkarnation aller Sünden besungen zu werden, wird mir ohne Zweifel sagen, ihre Schönheit wäre unbestreitbar gewesen. Aber dem ist keineswegs so. Einige ihrer Freunde liefern uns den Beweis dafür. Sie schildern sie mit wenig schmeichelhaften Farben und versichern, ihr Ruf in diesem Punkte, wie in vielen andern, wäre überschätzt und in der Hauptsache nichts anderes, als der Triumph des Snobismus und der Reklame. »Was reizte«, sagen diese Freunde, »war das Seltene und Teure an ihr ...«

Die Wahrheit – murmelte Dr. Bralez - *nach meinem persönlichen Geschmack ist, dass Mata Hari im wahrsten Sinne des Wortes das war, was man im Allgemeinen als eine sehr schöne Frau bezeichnet. Durch ihre raffiniert geschmackvollen Dekolletes, ihre fremdartige Eleganz musste sie notwendigerweise den tiefsten Eindruck machen in den europäischen Salons, wo die Weltdamen in Entzücken gerieten, wenn sie das aufreizende Parfüm, das von ihrem Körper ausging, einatmeten. Aber wirklich hübsch, das war sie nicht. Ihre Züge entbehrten der Feinheit. Ihren Lippen, ihren Kinnbacken, ihren Wangen haftete etwas Tierisches an. Ihre braune Haut schien immer ölgetränkt oder schweißbedeckt. Ihre kleinen Brüste, die sie dem Publikum unter zwei Filigrankuppeln verbarg, waren schlaff, welk, runzelig.[8] Nur ihre Arme und Augen waren von absoluter Schönheit. Ihre Arme hat man die schönsten der Welt genannt und damit nicht übertrieben. Und ihre Augen, magnetisch und rätselhaft, schillernd und samtweich, gebieterisch und flehend, melancholisch und kindlich, ihre unergründlichen Augen, in deren Tiefe so viele Herzen versanken, verdienten wohl auch die Bewunderung, die man ihnen zollte. Sie selbst sprach nie von ihren physischen Reizen, was betont werden muss, und war stolzer auf ihren Geist als auf ihr Gesicht. Daher musste ich über die guten Schwestern des Gefängnisses, die ihr zart ihre Koketterie vorwarfen, leise lächeln. Sie war wahrhaftig minder kokett als die Straßendirnen, die in den großen Schlafsälen von Saint-Lazare untergebracht sind. Nur einmal, am Tage der Hinrichtung ...*

---

[8] Massard: Les Espionnes à Paris. Albin Michel. Paris 1923.

Dr. Bralez unterbricht sich plötzlich, als ob diese letzten Worte schmerzliche Erinnerungen in seinem Gedächtnis wachriefen.

Und ich frage ihn: »Erinnern Sie sich eines Kapitels im Buche Massards? Der Titel lautet: *Der Vorabend des letzten Tages.*«

Nein, antwortet er, *ich erinnere mich nicht daran.*

»Dort lässt der gute Kommandant die Bajadere am Rande des Grabes tanzen. Wie alle Welt wusste auch sie, sagt man, dass ihr Verteidiger den Präsidenten der Republik um eine letzte dringende Audienz gebeten hatte. Hiervon hing alles ab, ihr Leben oder ihr Tod. Und da Clunet auch vierundzwanzig Stunden später noch nicht im Gefängnis erschien, ließ die Verurteilte, unruhig, bleich, von Angst gehetzt, den Nonnen, die bei ihr den Dienst versahen, nicht einen Augenblick Ruhe. ›Er kommt nicht‹, sagte sie, ›weil er nicht den Mut hat, mir zu sagen, dass Poincaré meine Begnadigung versagt hat und man mich morgen erschießen wird.‹ Die Schwester Marie, eine kleine, sehr nette, energische, neugierige Schwester, die mit den Inhaftierten, wenn es sein musste, Dialekt sprach, diese Schwester Marie, obgleich wenig zart veranlagt, dauerte die arme Frau mit dem Tod vor Augen und sie nahm sich vor, sie zu zerstreuen. ›Ach, reden sie doch nicht solchen Unsinn‹, rief sie. Und da sie wusste, dass die Hindu, wie man Mata nannte, in ihrer fantastischen Naivität Schmeicheleien, die auf ihre Kunst zielten, nicht widerstehen konnte, bat sie die Ärmste, für sie, für sie allein zu tanzen. Massard schreibt ausdrücklich: ›Mata tanzte, dann lächelte sie und hoffte.‹«

Auch Dr. Bralez lächelte.

Sehr leicht möglich – murmelte er *– jedenfalls würde es gut zum Charakter der Heldin gepasst haben. Am Morgen des 15. Oktober 1917, als man die Zelle 12 betrat, sie weckte und ihr ankündigte, ihre letzte Stunde sei gekommen, hätte man sie sicher unschwer zum Tanzen bewegen können. Solch ein tragisches Tagesgrauen ist allen Gefängnisärzten bald nichts Neues mehr. Aber die Wir-*

kung bei den Verurteilten ist sehr verschieden. Die einen bleiben ganz ruhig, andere begehren auf, prahlen oder zeigen äußerste Verachtung. Die ganze Skala des Lächelns erscheint. Auf den Lippen der einen malt es Furcht und Entsetzen und gleicht der Fratze eines Skeletts, die Lippen der anderen kräuselt es zum Ausdruck schrankenlosen Stolzes. Aber was wir an diesem Herbstmorgen mit ansahen, das dürfte sich wohl in ähnlicher Lage nie wieder ereignen: Es war das markerschütternde Gelächter eines Geschöpfs, das nur noch ein paar Minuten zu leben hatte. Die Szene ist tausendfältig beschrieben worden. Ich war nicht dabei. Offenbar kurz, bevor sie sich abspielte, wurde ich in den Krankensaal gerufen. Aber ich habe sie mehrere Male schildern hören. Der Verteidiger war aus der Gruppe der Amtspersonen zur Gefangenen getreten, um leise mit ihr zu sprechen. Und dann brach sie in ein grauenhaftes, ganz unwahrscheinliches Gelächter aus. Alles stand da wie vom Donner gerührt. Herzzerreißendes Schluchzen hätte nicht so furchtbar wirken können. Worauf jemand sagte: »Sie ist verrückt geworden.« Aber Mata, immer noch im Morgenrock, trat auf ihn zu, um ihn eines Besseren zu belehren, und schrie ihm mit ironischem Behagen ins Gesicht: »Wissen Sie, was Maître Clunet mir soeben geraten hat? Ich soll mir ganz einfach Aufschub erwirken durch Ausnützung des § 27 irgendeines Gesetzes, was weiß ich, indem ich erkläre, ich sei schwanger ... Das ist ja zum Wälzen.« Und sie lachte hemmungslos. Ich habe dieses Lachen allerdings nicht gehört. Dagegen bemerkte ich wohl die eisige Ironie auf ihren Zügen, als sie sich an die Militärpersonen und Beamten wandte, die die Zelle nicht verließen, obgleich sie fortfuhr, Toilette zu machen, und ihnen die Tür wies, mit den Worten: »Gestatten Sie, meine Herren, dass ich mich ankleide ...« Wie die anderen wollte auch ich mich zurückziehen, um sie mit der Nonne und ihren beiden Mitgefangenen allein zu lassen, aber sie hielt mich fest, mit der Bemerkung, die Ärzte hätten das Recht, zugegen zu sein, während sie sich anzöge. Und dann begann die Szene, über die bisher immer nur falsch berichtet wurde. Es war ein Monolog im Plauderton, atemraubend gerade dieses lächelnden Plaudertons, dieser unerschütterlichen Ruhe wegen. Wie es bei nervösen und reizbaren Wesen häufig der Fall ist, schien diese Frau in den Zeiten ihres Glanzes geradezu überempfindlich, jetzt, da sie mit ihren aristokratischen Händen die Totengala anlegte, heiterer als sie jemals gewesen sein dürfte bei den Vorbereitungen für den Besuch eines Festes. Die arme Nonne, die, laut Massard, vor einigen Wochen in einem verärgerten Augenblick gesagt hatte: »Wir wollen sehen, ob sie vor den Gewehren sich ebenso keck gebärden wird, wie vor uns«, zitterte ergriffen und sprachlos. Mit weit aufgerissenen Augen starrte sie die ungewöhnliche Künstlerin an, die sich in ruhigem Rhythmus ohne Übereilung bewegte und uns mit fester Stimme ihre letzten Gedanken anvertraute. »Sie haben gesehen«, sagte Mata Hari, »diese Herren fürchteten sicher, ich würde ihnen etwas vorweinen oder vorstöhnen. Daher fühlten sie sich veranlasst, mir Mut zuzusprechen, als man mich weckte ... Ich hatte vortrefflich geschlafen ... Einst hätte ich ihnen nicht verziehen, mich so früh geweckt zu haben ... Was ist das für ein Brauch, die Verurteilten bei Tagesgrauen hinzurichten! In Indien gibt es so etwas nicht. Dort ist der Tod eine Zeremonie, die man im Sonnenlicht feiert vor einer mit Jasmin bekränzten Menge. Es wäre mir lieber gewesen, etwa um drei Uhr hinaus nach Vincennes zu fahren, nach einem guten Frühstück ... Jedenfalls, hoffe ich, wird man mich nicht nüchtern erschießen wollen. Also, lieber Doktor, was könnte ich wohl noch nehmen?« Die arme Nonne versetzte: »Einen Cordial.« Und ich fiel ein: »Vielleicht einen Grog?« Sofort antwortete sie: »Das ist das Richtige, einen Grog!« Als ich mich anschickte, ihn zu holen, fragten die draußen ungeduldig und bleich wartenden Militärs und Beamten, wie weit die Gefangene wäre. Ich riet ihnen, sich in Geduld zu fassen, denn die Verurteilte habe sich vorgenommen, Saint-Lazare nur gewaschen, angekleidet zu verlassen, und zwar als elegante Frau. Als ich mit einer Flasche Rum und heißem Zuckerwasser wieder eintrat, fragte Mata mich: »Was für Wetter haben wir?« – »Prachtvolles Wetter.« »Dann also – fuhr sie zur Nonne gewandt fort – müssen Sie mir meinen hellen, beigefarbenen Mantel geben; ihn trug ich, als ich hier eintrat ...« Ruhig schlürfte sie ihren Grog, jedoch ohne jeden Versuch, ihre letzten Augenblicke in die Länge zu ziehen, was viele hartgesottene Verbrecher unter allerhand rührender Vorwände tun, wie noch ein letztes Anhörenwollen der Messe oder die Bitte um eine letzte, die Henkerszigarette, die sie dann sehr langsam rauchen. »Der Tod« – nahm sie wieder ihre Worte auf – »*ist nichts, das Leben auch nicht: Sterben, schlafen, träumen, wandern, alles, alles ist eitel; ganz gleich, ob uns heute oder morgen die Erfüllung wird, in unserem Bett oder bei der Rückkehr vom Spaziergang. Alles ist Täuschung.*« *Die Nonne, bemüht, diese Unglückliche mit Gott zu versöhnen, nannte ihr den Priester und den protestantischen Pastor des Gefängnisses. War Mata Hari Protestantin? Jedenfalls hatte sie immer dem Pastor den Vorzug gegeben. Im Grunde genommen gab es für sie aber nur eine einzige Religion, den buddhistischen Pessimismus, der, um den Schmerz zu unterdrücken, jede Tätigkeit unterdrückt und im Dasein nur Schmerzen und Gefahren sieht. Nachdem sie vor einem kleinen trüben Spiegel ihre Frisur beendet hatte, puderte sie sich Gesicht und Busen. Ihre Puderschachtel und Quaste habe ich mir aufgehoben. Als sie sah, dass die Nonne die Bänder ihrer zierlichen Schuhe schlecht zugeschnürt hatte, beugte sie sich vor, um das besser zu machen, und murmelte dabei:* »*Man sieht, liebe Schwester, Sie tragen an Ihren Schuhen nicht solche Nesteln ... Nichts mehr davon ... Wenn Sie wollen, können Sie jetzt den Pastor rufen ... Ich habe zwar keine große Lust ihn zu sehen, aber da diese Besuche zu seinen Pflichten gehören, mag er kommen!*« *In diesem Augenblick klopfte der Major, der als Erster sie geweckt hatte, an die Tür und rief:* »*Sie müssen sich beeilen!*« *Mata lächelte geringschätzig, fuhr mit ihrer Toilette fort und sagte:* »*Sie können eintreten, ich bin angekleidet.*« *Ich öffnete. Vier oder fünf Personen, darunter mein Chef, Dr. Bizard, betraten die Zelle. Feierlich fragte der Vertreter des Kriegsgerichts die Verurteilte:* »*Haben Sie noch eine Erklärung zu machen?*« *Kalt antwortete sie:* »*Keine ... Ich habe es bereits gesagt, ich bin unschuldig ... Und selbst, wenn ich noch etwas hinzuzufügen hätte, ich würde es jetzt nicht mehr sagen.*« *Darauf der Richter:* »*Haben Sie noch einen Wunsch?*« *...* »*Ja, ich möchte Rittmeister Marow sehen, aber da er in Russland ist, muss ich mich damit begnügen, ihm zu schreiben, wenn Sie das gestatten.*« *Dann setzte sie ihren Hut auf und trat heraus auf den Gang:* »*Wenn es beliebt, meine Herren.*« *Als man die Direktionskanzlei des Gefängnisses betrat, wo Massard und andere Offiziere zurückgeblieben waren, bat Mata um eine Feder und schrieb drei Briefe: einen an ihre Tochter, den zweiten an einen hohen französischen Beamten, den dritten an den Ritt-*

meister Marow. Als sie die Briefe ihrem Verteidiger übergab, empfahl sie ihm mit leichtem Spott, sie nicht zu verwechseln, ihrer Tochter nicht etwa den an ihren Geliebten gerichteten zu schicken. Festen Schrittes ging sie zum Tor, wo ein Auto sie erwartete. Ich setzte mich mit Dr. Bizard und einem Beamten in einen Mietwagen. Mit ihr stiegen Clunet, die Nonne und ein Bataillonschef ein. Unser Fuhrwerk, langsamer im Tempo, erreichte Vincennes erst, als der Spruch vor der Verurteilten bereits verlesen worden war. Außerdem war der vom Hauptmann Bouchardon erlassene Befehl äußerst streng. Weder der Verteidiger, noch der Pastor, noch die Ärzte, niemand durfte, ohne dass der Ruf an ihn erging, in die unmittelbare Nähe des Richtplatzes. So sah ich also nur aus etwa hundert Schritt Entfernung hinter den Dragonertruppen, die das Viereck bildeten, wie diese Frau aufrecht und stolz zum Pflock schritt und sich daran festbinden ließ; ich sah, wie sie die Binde für die Augen abwehrte, sah schließlich, wie sie mit dem Taschentuch zum Abschied winkte, und glaubte gern, diese letzte Geste richtete sich an mich. Ich zitterte am ganzen Leibe. Ist das verwunderlich, wo selbst die Gendarmen, die ihr Auto bewacht hatten, alte, bewährte Veteranen, an Zeremonien solcher Art gewöhnt, ihr Erschauern nicht verbergen konnten? Nur Hauptmann Bouchardon lächelte mephistophelisch, befriedigt, trommelte mit den Händen auf dem Rücken und murmelte Worte, die niemand verstand. Die anderen entfernten sich stumm, mit automatischen Schritten, von dem unheilvollen Ort. Die arme Nonne war ein Bild des Jammers. Clunet, der berühmte Mann, sah zum Erbarmen aus. Ich selbst mit meinem erdfahlen Gesicht dürfte wohl gar lächerlich erschienen sein ... Auf der Rückfahrt äußerte Dr. Bizard kein Wort; aber als wir uns seinem Hause näherten, sprach er erschüttert die berühmten Verse Baudelaires:

*Mir dünkt, dass wir ihr ein paar Blumen schulden.
Die armen Toten haben viel zu dulden.
Und wenn Oktober, der die Bäume schüttelt,
An ihren Gräbersteinen traurig rüttelt,
So müssen sie uns oben herzlos finden,
Die wir uns weich in unsere Decken winden.
Sie aber sind verzehrt von grausen Schaudern.
Sind ohne Bettgenoss und ohne Plaudern,*

Und ihr Gebein, woran die Würmer klopfen,
Verspürt der winterlichen Wasser Tropfen ... [9]

So – nun ist auch das zu Ende – schloss Dr. Bralez mit einem schüchternen Versuch zu lächeln ...

Aber mir entging nicht das dumpfe Zittern seiner Stimme und seiner Augen tiefe Traurigkeit.

---

[9] Die Blumen des Bösen, Nachdichtung von Stefan George, Verlag Georg Bondi, Berlin.

ERINNERUNGEN DERER, DIE SIE KANNTEN

Paul Olivier und die Bajadere

Paul Olivier, der hervorragende Publizist und Journalist, schickte mir folgende Notizen über Mata Hari. Für eine Wiederherstellung ihrer Psychologie enthalten sie sehr viele interessante Einzelheiten:

Nachdem ich sie im Jahre 1912 kennengelernt hatte, blieb ich mit Mata in Verbindung. Sie lud mich zu einem Besuch bei sich ein. Sie besaß bekanntlich eine prachtvolle Villa in Neuilly. Obgleich ich sehr gern mit ihr plauderte, konnte ich von der Einladung doch nur zwei- oder dreimal Gebrauch machen, weil ich in anderer Weise zu sehr in Anspruch genommen war. Dagegen besuchte sie mich häufig in meinem Pariser Bureau, mindestens einmal die Woche. Im Spätfrühling 1913 hörten diese Besuche aber auf; sie hatte eingesehen, dass ich ihre hochgradige Neugierde in Bezug auf politische Affären, Kulissengeheimnisse der Presse und Tagesereignisse nur schlecht befriedigte. Außerordentlich schien sie sich dafür zu interessieren, wie der Nachrichtendienst der großen Zeitungen eingerichtet ist. Ich erklärte ihr das, so gut ich konnte. Dann wollte sie von mir genaue Auskünfte haben über den Berliner Korrespondenten einer Pariser Zeitung, aber auch das gelang ihr nur halb, denn ich kannte den betreffenden Journalisten kaum. Sehr gern wäre sie mit einigen meiner Kollegen in Verbindung getreten; aber das journalistische Leben bringt es mit sich, dass wir beständig auf Reisen sind, und so fiel auch dieser Plan ins Wasser. Im Herbst 1913 besuchte sie mich noch ein- oder zweimal. Dann wurde ich krank, reiste nach dem Süden und kehrte erst acht Monate später nach Paris zurück.

Der Garten ihrer Villa in Neuilly war von hohen Mauern umgeben, die sie vor unberufenen Blicken schützten. So konnte sie, sie hat es selbst gesagt, oft der Laune folgen, hier nachts bei Mondschein ganz nackt zu tanzen. Zu ihrem und ihres intimen Kreises Vergnügen ... Als ich sie kennenlernte, versicherte sie mir, sie läge gerade in Scheidung. Anfang 1913 kam sie eines Tages mit verweintem Gesicht zu mir; ihr Mann hätte sie blutig geschlagen, sagte sie. Ihr Körper zeigte tatsächlich blutunterlaufene Flecke. Sie fragte mich um Rat, wie sie die Scheidungsformalitäten abkürzen könnte. Ich gab ihr ein paar Zeilen für einen mir befreundeten Rechtsanwalt. Sie hat ihn nie aufgesucht. Es handelte sich um eine einfache Komödie, deren Triebfeder ich im Augenblick nicht ausfindig zu machen versuchte; später kam mir der Gedanke, ob sie nicht vielleicht beabsichtigt hatte, mir Mitleid einzuflößen, um mich inniger mit ihrem Leben zu verknüpfen, in der Hoffnung so leichter hinter die Kulissen der Pariser Presse gelangen zu können. Wie dem auch sei, in jedem Fall hatte sie sich schwer verrechnet, denn in den Redaktionsstuben erfährt man keine endgültigen politischen Tatsachen.

Ihre Verführungskunst, halb zierlichste Feinheit, halb ungestüme Heftigkeit, war einzigartig. Soeben noch ganz große Dame, gefiel sie sich eine Minute später in den derbsten Ausdrücken, und wenn sie dazu noch lachte, glich sie fast einer Straßendirne. Gelegentlich trat eine ganz lyrische Seite zutage. Ich erinnere mich, wie sie Stellen aus den großen indischen Gedichten vortrug ohne Übertreibung, aber mit echtem Schwung, der eine tiefe Liebe für das Schöne verriet. Ab und zu deutete sie dann gleichzeitig einen Tanz an, der mit den gesprochenen Versen harmonierte, und das Ganze wirkte majestätisch, ungezwungen, rhythmisch und graziös.

Sie hatte die schönsten Arme, die ich jemals in meinem Leben sah.

Die Legende vom verstümmelten Busen

In den Lebensbeschreibungen Mata Haris findet sich eine Episode, die die Beharrlichkeit erklärt, womit diese Frau, eigentlich immer geneigt, sich zu entkleiden, ebenso sorgsam darauf bedacht war, ihre Brüste mit zwei kleinen Filigranschützern zu bedecken.

»Mein Gatte, Hauptmann Mac Leod, war so eifersüchtig«, sagt sie, »dass er mir sehr oft drohte, er wolle mich verunstalten, damit niemand sich in mich verlieben könne. Was seine Raserei in unseren Liebesnächten dem Wahnsinn nahe brachte, war der Gedanke, meine kleinen, straffen Brüste, korinthischen Schalen gleich, könnten von anderen Händen gestreichelt, von anderen Lippen geküsst werden. ›Lieber reiße ich sie dir aus‹, murmelte er, indem er seine Finger in meine Brust krampfte. Ich musste dann alle meine Reize spielen lassen, um sein wildes Verlangen zu stillen und ihn sogar vor meinem Leibe auf die Knie zwingen. Eines Abends nach langem Schweigen näherte er sich mir in unserem Bett und küsste innig und anhaltend meine Brüste. Plötzlich, von einer wilden Regung hingerissen, biss er mir die linke Brustwarze ab und verschlang sie. Deshalb habe ich hinfort meinen Körper niemals jemandem ganz nackt gezeigt …«

So berichtet sie. Ganz anders jedoch der berühmte Maler Guillaumet, der mir über seine Bekanntschaft mit Mata Hari einen Brief schrieb. Danach ist diese Geschichte vom verstümmelten Busen nur eine Legende, die eine natürlichere und mit weniger Leidenschaft durchtränkte Tatsache verbergen sollte.

Mit Erlaubnis des Schreibers veröffentliche ich hier den Brief:

Zu einer Zeit, die ich kaum noch genau nennen, die man aber doch ungefähr feststellen könnte, denn sie fiel ziemlich zusammen mit der Premiere der »Messalina« von Moreau und Isidore de Lara in der Gaîté (also etwa in den Jahren 1905–1906), stellte sich in meinem Atelier eine Frau vor mit den Worten:

»Ich möchte Modell stehen.«

»Gut«, antwortete ich, »zeigen Sie mir Ihren Körper.«

»O nein, nur für den Kopf. Ich bin die Witwe eines in Indien gestorbenen Hauptmanns; ich habe zwei Söhne und besitze nicht die Mittel, sie zu erziehen. Ich heiße Frau Mac Leod.«

»Da Sie hübsch sind, wird es Ihnen nicht schwerfallen, auch als Kopfmodell Beschäftigung zu finden; aber man würde Sie natürlich viel besser bezahlen, wenn Sie sich zum Aktstehen entschließen könnten, denn, soviel ich sehe, müssen Sie sehr gut gebaut sein. Doch ich will nicht in Sie dringen.«

Darauf fing Frau Mac Leod an zu klagen, das wäre ein zu großes Opfer für sie und eine zu schreckliche Zumutung für ihr Schamgefühl, es wäre eine Beleidigung für den klingenden Namen, den sie trug usw. Als ich darauf erwiderte, sie möge das halten, wie sie wollte, entkleidete sie sich plötzlich schleunigst.

Und nun sah ich im reinen Atelierlicht ihre schönen Schultern, ihre schönen Arme, ihre über alle Maßen schönen Beine. Aber, um Gottes willen, was für eine welke Brust! ... Ihre Hüften waren breit wie die eines Pferdes, ihr Leib reichlich unkeusch, aber das Schlimmste blieb doch diese schlaffe Brust ... (das hat mir erklärt, warum sie dann immer zwei Metallschalen an einer Kette um den Hals trug).

Höflich, allerdings ohne meine Enttäuschung völlig verbergen zu können, riet ich ihr, es wäre für sie tatsächlich vorteilhafter, wenn sie sich nur als Kopfmodell vermietete. Diese Worte riefen einen Nervenanfall hervor. Ihr Schamgefühl derart bloßgestellt zu haben, war für sie ein unerträglicher Gedanke. Meine Frau eilte ihr zu Hilfe, rieb ihr die Schläfe mit Kölnisch Wasser ein und hielt ihr ein Riechfläschchen unter die Nase. Ich nahm sie als Modell für ein Plakat zu »Messalina«. Dann schickte ich sie meinem Freunde, dem Maler Assire, der lange Zeit mit ihr Gesicht- und Kostümstudien arbeitete. Sie erzählte ihm ganz merkwürdige Dinge, die er Ihnen gern mitteilen wird; ich vermag nichts weiter über sie zu sagen.«

Dr. Bizards Bericht über die Exekution Mata Haris

Der ergreifende Bericht des Dr. Bizard (er war der Kollege von Dr. Bralez im Gefängnis von Saint-Lazare) über die Hinrichtung Mata Haris hat folgenden Schluss:

Der inzwischen verstorbene Direktor Estach flüstert mir zu: »Man ergreift die letzten Maßnahmen ...«

Alle Anwesenden sprechen leise und sind bleich.

Plötzlich fährt eine kräftige Stimme dazwischen. Ein Hauptmann sagt: »Es ist Zeit, meine Herren, wir müssen hinaufgehen.«

Hastig drängt die Menge hinter ihm her und ballt sich zu beiden Seiten des Tores, um den Zugang zum Inneren des Gefängnisses freizulassen.

Eine äußerst vornehme Erscheinung, der Oberst der Garde, Semprou, der mit unantastbarer Sachlichkeit und Ansehen die Verhandlungen vor dem Kriegsgericht geführt hat, befiehlt, als er dieses Andrangs gewahr wird, kurz und streng, dass nur die wenigen bevollmächtigten Personen zur Gefängniszelle hinaufsteigen dürfen; alle anderen werden unten warten, er selbst gebe das Beispiel hierfür.

In diesem Augenblick dringt ein kleiner Greis, kein anderer als Clunet, bis zum Hauptmann vor und interpelliert ihn mit zitternder Stimme: »Entschuldigen Sie, Hauptmann, ich fühle nicht den Mut, hinaufzugehen; aber bitte sagen Sie ihr, ich sei in der Nähe; sie könne versichert sein, ich werde sie bis zum Ende nicht aufgeben.«

»Ich bin nicht Ihr Vermittler, Herr Rechtsanwalt«, antwortet hart der Offizier; »was Sie dieser Frau zu sagen haben, das müssen Sie selbst tun.« – Darauf folgt der Advokat mit schlotternden Beinen dem kleinen Zuge.

Man kommt zunächst in die Kanzlei des ersten Stocks; sie hat den Beinamen »die Brücke von Avignon«; hier muss jeder vorüber, der die weitverzweigten Räume von Saint-Lazare betreten will.

Dann muss man über einen langen Korridor gehen; eine offene Gasflamme verbreitet schwaches Licht; um jedes Geräusch, das der Verurteilten Verdacht einflößen könnte, zu ersticken, haben die guten Schwestern Teppiche und Matten unter unseren Füßen ausgebreitet.

Schwester Léonide öffnet die Zelle; der Offizier fragt beim Anblick der drei Frauen in ihren Betten: »Welche?« – »Die in der Mitte«, antwortet die Nonne.

Mata Hari, die auf meine Veranlassung am Abend vorher die doppelte Dosis Chloral genommen hatte, schläft fest; die beiden Mitinhaftierten haben begriffen und springen schluchzend aus ihrem Bett.

Die Schwester, die den Nachtdienst hat, kniet und betet; ihr Wachsgesicht ist von dem flackernden Schein einer Nachtlampe beleuchtet.

Der Hauptmann rüttelt die Verurteilte wach; sie reißt die Augen auf, versucht zu sprechen; sie richtet sich zum Sitzen auf, indem sie sich auf ihre rückwärts eingestemmten Fäuste stützt; in dieser Stellung hört sie den Offizier an, der in festem Ton, wenn auch nicht ohne Erregung, zu sprechen beginnt: »Zelle, zeigen Sie Mut, der Präsident der Republik hat Ihr Gnadengesuch verworfen, Ihre letzte Stunde ist gekommen.«

Eine tiefe Stille tritt ein. Im Halbschatten sieht man nur zwei funkelnde Augen.

Mit zunächst matter Stimme, die aber schnell erstarkt, wiederholt Mata Hari mindestens zehnmal: »Das ist unmöglich, das ist unmöglich!«

Schnell gewinnt sie ihre Fassung wieder; Schwester Leonide bemüht sich um sie, beugt sich zu ihr herab, ermutigt sie.

Mata antwortet: »Fürchten Sie nichts, liebe Schwester, ich kann sterben, ohne schwach zu werden, Sie sollen einen schönen Tod sehen.«

Ich biete ihr zur Stärkung Riechsalz an. »Danke, lieber Doktor«, sagt sie, »Sie sehen, ich brauche es nicht.« Dagegen nimmt sie ein Glas Grog an, das ihr Dr. Bralez reicht. Dann beginnt sie, sich anzukleiden oder vielmehr, sie lässt es zu, dass man sie ankleidet, wobei die meisten Anwesenden rücksichtsvoll hinausgehen.

Ich bleibe in der Nähe; sie liegt noch im Bett; man reicht ihr die Kleidungsstücke; ihr Hemd, nicht aus grober Leinwand, wie man behauptet hat, sondern aus dem Bestand ihrer eigenen Leibwäsche, die man ihr belassen, hebt sich bei einer Bewegung und entblößt ihren Körper. Eine Nonne will sich deckend vor sie stellen: »Oh, lassen Sie nur, liebe Schwester, die Scham hat in diesem Augenblick hier nichts mehr zu suchen«, sagt sie ablehnend.

Nach und nach nimmt Mata Haris Gesicht einen harten und zornigen Ausdruck an; während man fortfährt sie anzukleiden, hält sie andauernd Selbstgespräche: »Diese Franzosen! ... Wenn ich nur wüsste, was es ihnen nützen soll, mich aus der Welt zu schaf-

fen ... Wenn sie damit wenigstens den Krieg gewinnen könnten! ... Nun, sie werden ja sehen! ... Darum also habe ich mich ihretwegen so abgemüht ... ich, die ich gar nicht Französin bin ... Liebe Schwester, bitte, geben Sie mir mein wärmstes Kleid, ich fühle, es ist heute Morgen recht kalt. Geben Sie mir auch meine hübschen, kleinen Schuhe; gut beschuht zu sein, dafür habe ich immer gesorgt.« Während dieses Gespräches pudert sich die Tänzerin in aller Ruhe. Dann sagt sie plötzlich ernst: »Ich habe mit dem Pastor zu sprechen.«

Pastor Darboux nähert sich; er erbittet ein wenig Wasser; man füllt einen Gefangenenbecher, er nimmt ihn mit zitternder Hand. Auf seinen Wunsch lässt man ihn allein mit der Tänzerin. So empfing offenbar Mata Hari ›in extremis‹ die Taufe.

Während diese höchst einfache Zeremonie vor sich geht, bleibe ich in Gesellschaft Clunets vor der Tür der Zelle.

»Ist es nicht ein Jammer«, sagt der ehrwürdige Rechtsgelehrte, »sehen zu müssen, wie man in der Blüte der Jahre solch eine Frau tötet: Sie war doch eine starke Intelligenz; es wäre wahrlich besser gewesen, man hätte es verstanden, sich ihrer Fähigkeiten zum Nutzen unseres Landes zu bedienen, statt sie auf diese Weise zu beseitigen!«

In diesem Augenblick öffnet sich die Tür; der Pastor, die Augen voller Tränen, tritt heraus; stumm fordert er uns auf, wieder einzutreten.

Mata, kerzengerade, ohne Stütze, mit stolzer Miene, steht empfangsbereit in der Mitte des Zimmers. Sie trägt ein elegantes blaues Kostüm mit langer Jacke, weiß eingefasst; auf dem Kopf bereits einen Hut mit breiter Krempe und Straußfedern; in aller Ruhe zieht sie ihre Handschuhe an.

»Ich bin bereit«, sagt sie mit Bestimmtheit, dann wendet sie sich zunächst an mich: »Ich danke Ihnen noch ein letztes Mal, lieber Doktor, für alle Ihre Mühe und Fürsorge.« – Dann an Schwester Leonide: »Ich bin viel gereist, liebe Schwester; nun also, diesmal trete ich meine letzte Reise an. Ich fahre nach dem großen Bahnhof, der keine Rückkehr kennt ... Liebe kleine Mutter, sehen Sie mich an und tun Sie wie ich, weinen Sie nicht!«

Ein Offizier nähert sich ihr und fragt sie, wie das Gesetz es verlangt, ob sie noch etwas zu sagen habe.

»Nichts«, versetzt sie trocken, »und wenn dem so wäre, würde ich, wie Sie sich wohl denken können, es für mich behalten.«

Das Gesetz verlangt ferner, dass man ihr noch eine andere letzte Frage stellt, nämlich, ob sie Ursache hätte, sich schwanger zu glauben. – »Oh, durchaus nicht«, antwortet sie fast lächelnd. »Ich bedaure.« – Im ›Code penal‹, Buch I, Kapitel I, Artikel 27, liest man: »Wenn eine zum Tode verurteilte Frau erklärt, und es sich als wahr erweist, dass sie schwanger ist, darf sie der Strafe erst nach ihrer Entbindung verfallen.« Irgendwo wird übrigens berichtet, Matas Advokat habe auf dem Richtplatz im letzten Augenblick diesen Artikel angerufen. In dieser Form ist die Episode reine Erfindung.

Darauf tritt sie hinaus auf den langen Korridor und scheint den kleinen Zug, der sie umgibt und ihr folgt, zu führen.

Da glaubt der Oberwärter plötzlich, sich auf sie stürzen zu müssen. Schon will er sie am Arm packen. Aber mit einem Ruck stößt sie ihn zurück und fährt ihn barsch an: »Lassen Sie mich los, rühren Sie mich nicht an, ich dulde es nicht; beachten Sie wohl, ich bin keine Diebin ... was fällt Ihnen ein! ...« Auf der Stelle gehorcht der Oberwärter. »Meine liebe Mutter, bitte, reichen Sie mir Ihren Arm und verlassen Sie mich nicht.«

»Ich reichte ihr meinen Arm und hielt ihre Hand krampfhaft fest. Ich umklammerte sie mit aller Kraft, weil ich Angst hatte, sie könnte im letzten Augenblick noch irgendeine Dummheit begehen.« So erzählte mir später Schwester Léonide.

Wir steigen die Treppe herab und sehen die Eingangstür halb geöffnet. Dort stehen für gewöhnlich ein paar friedliche Wächter. Jetzt gewahrt man draußen die Menge. Die Tänzerin lächelt: »Nein, so viele Leute! Was für ein Erfolg!« Gelassen durchquert sie den Gang und betritt die Kanzlei, wo die letzte Eintragung, das Ende ihrer Haft bezeichnend, vorgenommen wird. »Zelle, Margarethe Gertrud, genannt Mata Hari, wird in die Hände der Militärgewalt zurückgegeben, um in Vincennes mit dem Tode bestraft zu werden. Die Strafe lautet auf Erschießen.«

Jetzt bittet sie, noch ein paar Briefe schreiben zu dürfen. Man gewährt ihr diese Gunst. Mata Hari streift ihren rechten Handschuh ab und schreibt mit ihrer bekannten großen ruhigen Schrift gelassen drei Briefe, setzt die Adressen auf die Umschläge und übergibt sie dem Direktor. Lächelnd fügt sie hinzu: »Geben Sie acht, dass Sie die Adressen nicht verwechseln. Das gäbe eine schöne Geschichte!«

Während dieser zehn Minuten halte ich mich kaum einen Meter von ihr entfernt und spähe nach irgendeinem Zug von Schwäche, aber ich entdeckte keine Spur davon.

»Ich bin fertig«, sagt sie. Die Gendarmen nehmen die Gefangene in ihre Mitte und bringen sie an den Wagen; außer ihnen steigen noch Schwester Léonide und der Pastor ein.

Während der Fahrt ist der Pastor so bewegt, dass er kaum sprechen kann.

Mata Hari nimmt Abschied und wiederholt: »Nun fahre ich also nach dem großen Bahnhof, der keine Rückkehr kennt.« Und sie fügt hinzu: »Oh, diese Franzosen!«

Schwester Léonide ermahnt sie zum Verzicht und zum Verzeihen. »Im Augenblick, wo man vor Gott erscheinen soll«, sagt die Nonne, »darf man gegen niemand Gefühle des Hasses hegen.« – »Aber den Franzosen kann ich nicht verzeihen«, antwortet Mata. »Doch, meine Tochter, du musst es.« – »Wenn Sie es wünschen, gut, ich will verzeihen«, antwortet jetzt leise Mata Hari.

Der Wagen hat Vincennes erreicht. Die Exekution ist auf sechseinviertel Uhr festgesetzt; der Tag beginnt kaum, zu dämmern.

Die Truppen sind in drei Reihen aufgestellt, und als der Wagen am äußersten Ende des Karrees, gegenüber dem Pflock, hält, schmettern sie eine Fanfare.

Dann herrscht eindrucksvolles Schweigen. Mata Hari steigt aus dem Wagen, reicht Schwester Léonide die Hand, um ihr beim Aussteigen behilflich zu sein und fasst sie unter den Arm. Von den Gendarmen begleitet, gehen die mit lauter Stimme betende Nonne und die dem Tod Verfallene langsam über den Platz.

Am Pflock angekommen, macht Mata Hari mit einem Ruck sich von der Schwester frei. »Umarmen Sie mich und lassen Sie mich jetzt allein; treten Sie auf die rechte Seite. Dorthin werde ich schauen. Leben Sie wohl!«

Während ein Offizier das Urteil verliest, hat die Tänzerin sich selbst an den Pflock gestellt. Als man ihr die Augen verbinden will, weist sie dieses Ansinnen mit Entschiedenheit zurück. Auch gestattet sie nicht, dass man den Strick um ihre Hüfte, der sie am Pflock befestigen soll, zusammenknüpft ...

Das Exekutionspeloton besteht aus zwölf Jägern zu Fuß. Aus vier Soldaten, vier Korporalen, vier Unteroffizieren. Sie stehen zehn Meter von ihr entfernt ... Mata Hari lächelt noch der knienden Schwester Léonide zu und winkt zum Abschied.

Der das Kommando führende Offizier hebt den Degen, die Schüsse krachen laut, es folgt leiser der vorgeschriebene Gnadenschuss, und die tote Tänzerin bricht mit dem Kopf vornüber zusammen, eine schlaffe blutüberströmte Masse.

Mit klingendem Spiel defilieren die Truppen vor der Leiche; nur ein kleiner Soldat, der während der Hinrichtung gerade vor mir stand, kann nicht mittun. Ich musste ihn ohnmächtig auf den Rasen legen.

Ein Munitionswagen fährt heran; zwei Trainsoldaten heben eine aus Fichtenstämmen roh gezimmerte Bahre herunter, worauf sie den bereits erkalteten Körper legen. Nach einer Scheinbestattung wird er der Anatomie überwiesen.

MATA HARIS LETZTE WORTE

Hiermit veröffentliche ich einen bisher unbekannten Bericht über Mata Haris Tod. Auch er stammt von einem Augenzeugen, nämlich von dem Oberleutnant aus dem 26. Jägerbataillon, der das Hinrichtungspeloton kommandierte.

Ich tat Tagesdienst beim Zuavenbataillon im Fort Rosny-sous-Bois, Sonntag den 14. Oktober, als mich der Platzkommandant von Vincennes telephonisch anrief, um mich zu benachrichtigen, ich möchte mich bereithalten, Montag den 15. Oktober frühmorgens ein Exekutionspeloton zu kommandieren. Er schärfte mir ein, ich hätte absolut sichere, vertrauenswürdige Leute zu wählen in Anbetracht ganz besonderer Umstände. Nähere Erklärungen gab er mir nicht, aber ich begriff sofort, dass es sich um Mata Hari handelte. Eine gewisse Unruhe beschlich mich, denn bei einer Frau konnte man allerhand erwarten, Tränen, Schreie, Widerstand, vielleicht sogar einen Nervenschock. Ich sammelte zwölf Zuavenunteroffiziere, die sämtlich an der Front gekämpft hatten. Nur vier davon durften die Abzeichen ihres Ranges tragen, die zweiten vier durften sich Korporalslitzen an den Mantel heften, die letzten vier mussten die Litzen abtun. So verlangte es die Vorschrift, wonach das Peloton sich zusammensetzen muss aus vier Unteroffizieren, vier Korporalen, vier Gemeinen.

Das Spalier setzte sich zusammen aus Dragonern, Artillerie von Vincennes und einem Linienregiment der Pariser Garnison.

Meine Befürchtungen vom Tage vorher zerstreuten sich, als ich Mata Hari erscheinen sah. Ihr Auftreten zwischen den beiden sie begleitenden Nonnen war von unglaublichem Stolz und, fast möchte ich sagen, ein wenig theatralisch. Sie umarmte ihren Verteidiger und schickte, während sie das Truppenkarree durchschritt, viele Abschiedskusshände nach der Richtung, wo zahlreiche offizielle Persönlichkeiten standen.

Sie ließ sich übrigens ziemlich oberflächlich an den Pflock binden von den Gendarmen, denen dieses Geschäft oblag. Als aber ein kleiner Jäger zu Fuß sich ihr näherte, um ihr die Augen zu verbinden, wies sie das mit Heftigkeit zurück.

Im Augenblick, wo ich meinen Degen hob, um Feuer zu kommandieren, sah sie mir fest ins Auge und sagte: »Ich danke Ihnen, mein Herr.«

Elf Kugeln hatten getroffen. Der Dragonerunteroffizier, an den der Befehl ergangen war, die zwölfte Kugel zu feuern, den Gnadenstoß zu versetzen, konnte seinen Flintenlauf nur gegen die Schläfe einer Toten richten.